AF534561

Fischer TaschenBibliothek

Neunzehnjährig begann Stefan Zweig seine Schriftstellerkarriere als Dichter. Sein erstes Buch ›Silberne Saiten‹, mit einer Auswahl von 50 Gedichten, erschien 1901 – die Presse beachtete es freundlich-kritisch. Sein zweiter Lyrikband, ›Die frühen Kränze‹, erschien 1906. Hier konnte er seine Sprache schon fester konturieren und »ein geschlossenes Gemälde einer Empfindungsperiode geben«, wie ein Rezensent erklärte. Später entwickelte er die Prosa zu seiner eigentlichen Ausdrucksform und formulierte nur noch gelegentlich Verse.
Diese Ausgabe fasst unter dem Titel des Erstlings alle Gedichte Stefan Zweigs zusammen, die der Autor selbst in seinen Sammelbänden herausgab.

Stefan Zweig wurde am 28. November 1881 in Wien geboren und lebte ab 1919 in Salzburg, bevor er 1938 nach England, später in die USA und schließlich 1941 nach Brasilien emigrierte. Mit seinen Erzählungen und historischen Darstellungen erreichte er weltweit ein Millionenpublikum. Zuletzt vollendete er seine Autobiographie ›Die Welt von Gestern‹ und die ›Schachnovelle‹. Am 23. Februar 1942 schied er zusammen mit seiner Frau »aus freiem Willen und mit klaren Sinnen« aus dem Leben.

Weitere Informationen finden Sie auf www.fischerverlage.de

Stefan Zweig

Silberne Saiten

Gedichte

FISCHER TaschenBibliothek

Erschienen bei FISCHER Taschenbuch
Frankfurt am Main, September 2018

Umschlaggestaltung: Geviert, Grafik & Typografie, München
Umschlagabbildung: Curly Pat/shutterstock
Satz: Dörlemann Satz, Lemförde
Druck und Bindung: CPI books GmbH, Leck
Printed in Germany
ISBN 978-3-596-52179-1

Inhalt

Silberne Saiten

Sinnende Stunde

Neue Fahrten

Ein paar Verse

Silberne Saiten

Meinen lieben Eltern zu eigen

Wien, Februar 1901

Zur Einleitung

Was ins Weite einst geflogen,
Einzeln, ein verlorner Klang,
Ruht hier, Blatt an Blatt gebogen,
Träumerstunden stiller Sang. –
Nun geht's weithin auf die Reise.
Allen gibt es wohl nicht viel,
Aber mir erklingt d'raus leise
Meiner Jugend Sehnsuchtsweise
Und mein innres Glockenspiel …

Das Lebenslied

… Und jedes Lebensmal, das ich gefühlt,
Hat in mir dunkle Klänge aufgewühlt.

Und doch, das eine will mir nie gelingen,
Mein Schicksal in ein Lebenslied zu zwingen,

Was mir die Welt in Tag und Nacht gegeben,
In einen reinen Einklang zu verweben.

Ein irres Schiff, allein auf fremdem Meer,
Schwankt meine Seele steuerlos einher

Und sucht und sucht und findet dennoch nie
Den eig'nen Wiederklang der Weltenharmonie.

Und langsam wird sie ihrer Irrfahrt müd.
Sie weiß: Nur einer ist's, der löst ihr Lied,

Der fügt die Trauer, Glück und jeden Drang
In einen tiefen, ewig gleichen Sang.

Nur durch den *Tod,* der jede Wunde stillt,
Wird meiner Seele Wunschgebet erfüllt.

Denn einst, wenn müd mein Lebensstern versinkt,
Mit matten Lichtern nur der Tag noch winkt,

Da werd' ich sein Erlösungswort verspüren,
Er wird mir segnend an die Seele rühren,

Und in mir atmet plötzlich heil'ge Ruh …
Mein Herz verstummt … Er lächelt mild mir zu …

Und hebt den Bogen … Und die Saiten zittern
Wie Erntepracht vor drohenden Gewittern,

Und beben, beugen sich – und singen schon
Den ersten, sehnsuchtsweichen Silberton.

Wie eine scheue Knospe, die erblüht,
Reift aus dem ersten Klang ein süßes Lied.

Da wird mein tiefstes Sehnen plötzlich Wort,
Mein Lebenslied ein einziger Akkord,

Und Leid und Freude, Nacht und Sonnenglanz
Umfassen sich in reiner Konsonanz.

Und in die Tiefen, die noch keiner fand,
Greift seine wunderstarke Meisterhand.

Und was nur dumpfer Wesenstrieb gewesen,
Weiß er zu lichter Klarheit zu erlösen.

Und wilder wird sein Lied … Wie heißes Blut
So rot und voll strömt seiner Töne Flut

Und braust dahin, wie schaumgekrönte Wellen,
Die trotzig an der eig'nen Kraft zerschellen,

Ein toller Sang lustlechzender Mänaden
Ertost es laut in jauchzenden Kaskaden.

Und wilder wird der Töne Bacchanal
Und wächst zur ungeahnten Sinnesqual

Und wird ein Schrei, der schrill zum Himmel gellt –
– Dann wirrt der wilde Strom und stirbt und fällt …

Ein Schluchzen noch, das müde sich entringt …
… Das Lied verstummt … Der matte Bogen sinkt …

Und meine Seele zittert von den Saiten
Zu sphärenklangdurchbebten Ewigkeiten …

Wie dunkle Kiefernforste …

Wie dunkle Kiefernforste sind oft meine Träume,
Wo sich die Stämme innig aneinanderdrängen.
Dort blaut kein heller Frühlingstag. Die Zweige hängen
In stiller Trauer, voll von wundersamen Klängen
Wie lang vergess'ne Harfen sind dort alle Bäume.

Doch manchmal zittert mild ein Mondesglanz hernieder
Herab aus silberweißen weiten Himmelsfernen
Und schluchzt und sehnt sich wieder auf zu seinen
Sternen …
Dann horchen alle Bäume bebend hin und lernen
Von ihm die trauerdunklen, sehnsuchtsmüden Lieder.

Verflogene Sehnsucht

Die Frühlingsnacht naht lind und lau
    Durch träumende Gelände.
Wie süßer Atem einer Frau
So lösungsmild, so zart, so lau
    Sind ihre weichen Hände.

Die tragen Deine Sehnsucht fort,
    Du fühlst sie Dir entschwinden …
Nun weißt Du nicht ihr Ziel und Wort,
Suchst Deine Sehnsucht fort und fort
    Und kannst sie nimmer finden …

Der Dichter

Ging einer in die helle Sommernacht.
Dem war schon längst die letzte Liebe tot;
Er klagte nicht. – Doch purpurn war entfacht
In seinem Herz der Wunden Narbenrot.

Im Auge flackerte ein fremder Glanz
Des tiefen Leides späte Schmerzenssaat …
So schritt er stumm dahin … Irrlichtertanz
War Führer ihm am blassen Dämmerpfad.

In reichem Frieden schimmerte das Land
Wie eine Brust, die selig atmend bebt …
Da fühlt er, wie der Stille weiche Hand
Um seine heißen Pulse kühlend schwebt.

Und schwellend flog aus tausend Kelchen her
Ein Blühen, das von weiten Fernen kam;
Wie dunkle Weine war der Duft so schwer,
Der mild sein großes Weh gefangen nahm.

Und traumgewandet zieht die Einsamkeit
Ans Mutterherz den müden Träumer hin,
Bis er vergessen Wirklichkeit und Leid
Im Banne ihrer Rätselmelodien.

Und Blütendolden stäubten in sein Haar …
Die Stimme aber sang und ruhte nicht,
Bis jeder Gramgedanke Traum nur war,
Und jeder Schmerz ein ewiges Gedicht …

Vertrauen

Oh, einmal kommt das Glück, wann es auch sei!
Da hastet nicht der Tag an mir vorbei
Hinein in's weite wirre Weltgetriebe,
Da trag' auch *ich* im Haare Frührotschein,
Und Sonne wird um meine Jugend sein,
Dem Prunkpokale meiner großen Liebe.

Da prangt die Welt in Glanz und Feierkleid
Und meine Liebe wird mir tote Zeit
Und stumme Zukunft morgengoldig färben! –
Am Tag, da meines *Lebens* Liebe blüht
Da ist des Leides letztes Scheit verglüht
Da wird auch meine wilde Sehnsucht sterben …

Das Mädchen

Heut kann ich keine Ruhe finden …
Das muß die Sommernacht wohl sein.
Durchs off'ne Fenster strömt der Linden
Verträumter Blütenduft herein.

Oh Du mein Herz, wenn er jetzt käme
– Die Mutter ging schon längst zur Ruh –
Und Dich in seine Arme nähme …
Du schwaches Herz, … was tätest Du? …

Mittagsträumerei

Langsam schleicht die Stille in den Garten
Und verstohlen schließt der leise Wind
Einem mittagsmüden Kind
Ihre zarten
Träumeraugen, die voll Sehnsucht sind.

Über weiche weiße Blütenflocken
Strömt die Sonnenflut von Baum zu Baum
Und umblüht mit gold'nem Saum
Ihre Locken
Und gießt frohes Licht in ihren Traum …

Lied

Rote Rosen in den Beeten
Sind von rohem Fuß zertreten
Und der Fuß gehörte mir.

Denn mich faßte ein Verlangen
Rote Lippen, weiche Wangen.
Und – schon sprang ich hin zu Dir.

Doch die Liebe kann nicht messen
Unbehutsam und vermessen
Kam ich in des Beet's Revier.

Rote Rosen in den Beeten
Sind von rohem Fuß zertreten
Doch da kannst nur *Du* dafür …

Gewährung

Allein, wir zwei. – In jedem unsrer Blicke
Ein süßes, sehnendes Zusammenstreben,
Verhaltne Worte, die auf dieser Brücke
Mit goldnen Flügeln stumm hinüberschweben
Und unsre Seelen leise ineinander weben.

Und meine wilden, heißen Worte prangen
Von schwüler Rosen Duft an Sommertagen
Von kraftdurchtoster Jugend Lustverlangen. –
Und tiefer wird das Drängen. Es verzagen
Die reichen Worte und nur stumme Lippen fragen …

Du schweigst. – Doch deine dunklen Augen leuchten
In mattem Glanz und deine Hände winken
Verheißung mir. – Ich küsse dir die feuchten
Tauperlen ab, die von den Wangen blinken. –
– Und tosend will mein Leben in dein Sein versinken …

Im Feld

Fern Berge, die sich tief ins Blau verlieren
Und fern des Lebens unruhvoller Klang. –
Hier ist kein Atemzug der Welt zu spüren
Nur Fliederdüfte wehn das Feld entlang.

Nur du und ich ziehn träumend durch die Raden
In die der Wind die Finger harfend legt,
So weltverloren, fern von Ziel und Pfaden
Den Weg, den uns die blinde Sehnsucht trägt.

Und wie sich dort die Halme zärtlich neigen,
So finden heiße Lippen selig sich im Kuß. –
Die bunten Blüten nicken her und schweigen
Und senden tausend Düfte uns zum Gruß …

Dunkle Sehnsucht

Ein trüber Tag spinnt Nebel um die Fernen
Und haucht das Dunkel auf die Saaten hin. –
Ich sehne mich nach lichten, blanken Sternen
Die stumm, wie Schwäne durch den Äther ziehn

Nach einer stillen, weichen, duftgeschwellten
An Traumesschätzen wunderreichen Nacht,
Die neu mich wiedergibt an meine Welten
Und meiner Seele Unrast schweigen macht.

Nocturno

Siehe die Nacht hat silberne Saiten
In die träumenden Saaten gespannt!
Weiche verzitternde Klänge gleiten
Über das selig atmende Land
Fernhin in schimmernde Weiten.

Sanft wie eine segnende Hand
Tönt und vertönt ihre Weise
Leise … so leise … so leise …

Und die Seele hebt ihre Schwingen
– Silberne Klänge sind ihre Flügel –
Weit über duftumsponnene Hügel
Durch der Täler verdämmernden Schein
Schwebt sie auf sehnsuchtgewiesener Reise
Still ins strömende Mondlicht hinein …

Der Forscher

Und manchmal wächst mein Leid zu wilden Qualen,
Wenn ich da sehe, wie in hohlen, schalen
Gewohnheitsmenschen ein Gefühl erwacht,
Das sie so kläglich und – so glücklich macht.

Und ich, ich türm' im Geiste Welt auf Welten,
Der dunklen Weisheit Rätselsprüche, sie zerschellten
Zu reiner Klarheit stets vor meinem Blick. –
Doch mich verlangt nach jener *Toren* Glück,

Zu spüren, wie sich durch verschloß'ne Türen
Der Seele ungekannte Stürme rühren,
Bis sie erbebt vor innerlicher Kraft,
Die sie vernichtet – und dann neu erschafft.

Und jähe Sehnsucht faßt mich, all' mein Streben
Für dieses Glück der Liebe hinzugeben,
Zu lassen Ziel und Pfade und allein
Nur einer von den *Tausenden* zu sein …

Sternenglaube

Sieh, da ist ein lichter Stern gesunken!
Wie ein weißer wirrer Irrlichtfunken
Schwebt er zu des Abends Blütenbeet …

Du … Jetzt flink, noch eh' er ganz verweht
Sprich den Wunsch der in Erfüllung geht! –

Zitternd ist der müde Stern gesunken …
Schweigend hab' ich Deinen Blick getrunken
Und mit ihm Dein innerstes Gebet …

Im Abendpurpur

Dank Dir, Abend, Dank für Dein Geleiten!
Kronreif webst Du meinen Locken hin
Purpurwogen mein Gewand umgleiten …
Und nun kann ich wie ein König schreiten
Hin zu Dir, Du meine Königin.

Was ich blicke ist mein Gut und Eigen,
Breiter Bäche helles Glitzergold,
Edelsteine, die sich von den Zweigen
Demantfunkelnd in die Sonne neigen
Winken mir als reicher Königssold.

Rosen streut der Abend mir zu Füßen. –
Machtbewußt und hoch schreit ich dahin
Hin zu Dir. – Und Deine märchensüßen
Blicke werden mich als König grüßen
Der ich doch bei Dir nur Bettler bin …

Du!

Früher zogen müd, auf schwankem Kiele
Meine Träume dunklen Fernen zu.
Doch nun eilt mit frohem Wimpelspiele
Ihre Botenschar in heitrer Ruh
Hin zu einem lichten Sehnsuchtsziele
Und dies Sehnsuchtsziel bist Du …

Juninacht

Weiche Lichteswellen träumen
In die warme Juninacht.
Leise atmen alle Blumen
Ihrer Seele süße Düfte
In die leichten lauen Winde,
Die tief in den Zweigen singen
Stille, wehmutsvolle Lieder
Müde schwere Sehnsuchtsworte,
Die in unserm Herzen klingen,
Die wir suchen, niemals finden
Aber dennoch stets verstehn,
Wenn die lauen Juninächte
Ihre Sehnsuchtsmelodien
Durch die dunklen Zweige wehn …

Begehren

An manchen Tagen faßt mich ein Begehren
Nach Glanz und Glück und wilder Rhythmen Glut
Nach Purpurrosen, tief und rot wie Blut
Und heißen Frauen, die mit liebesschweren
Sturmküssen dämmen meiner Wünsche Flut. –

Doch tief in diesem grellen Lustverlangen
Zittert ein einz'ger leiser Wunsch allein
Nach einem großen, reichen Glücklichsein,
Nach Frieden, den mir stille Lieder sangen
In meiner Kindheit goldnem Sonnenschein.

In tiefer Nacht

So mitternächtig alle Gassen,
Die silberblank der Mond durchzieht
So blaß und stumm die Häusermassen …
Hinauf zu schlummernden Gelassen
Klingt sonnetrunken noch mein Lied.

Die Straßen sind so traumesselig
Und sprechen leis mein Lied zurück.
Und lauter, voller wirds allmählich
Und bald erdröhnt es hell und fröhlich
Das Lied von meiner Liebe Glück.

Es dringt durch dunkle Fensterläden
So leise trägts der laue Wind.
In tiefem Traum umfängt es jeden
Mit seinen feinen, feinen Fäden
Die Mutter Sehnsucht um uns spinnt,

Daß sich die Mädchenherzen dehnen
Im dunklen Banne seiner Macht,
Und immer heißer wird ihr Sehnen,
Und glühend rinnen brennende Tränen
Hinein in die stumme, verschwiegene Nacht.

Doch mein Lied und ich, wir schreiten
Immer nur weiter, immer nur zu
In die silberblinkenden Weiten
Hin zu den blendendsten Seligkeiten
Hin zu Dir, oh Geliebte Du …

Stille Größe

I

Die müden Wälder stehn mit Purpurseide
Und dämmerrotem Kronengold geschmückt,
Und stolz hat sich ihr weißes Sterngeschmeide
Die Nacht ins dunkle Lockenhaar gedrückt.

Nun gleicht die Erde meinen leisen Tagen,
Die auch so müde sind und lichtentwöhnt
Und doch den reichsten Siegespurpur tragen
Weil sie der Sternenglanz der Dichtung krönt …

II

Erst wenn die laute Welt dir fremd geworden,
Und Du ein Fremder allen andern bist,
Lauschst Du aus Deines Lebenslieds Akkorden
Den Klang, der nur aus eigner Seele fließt.

Tief tauchst Du in den Wundenstrom der Zeiten,
Der segnend über Dir zusammenschlägt,
Und selig spürst Du, wie zu Ewigkeiten
Die starke Seele Dich hinüberträgt.

Neues Verlangen

Die wilden Wogen sind zerstoben,
Verloschen meines Herzens Brand
Und keine Sonne grüßt von oben
In meiner Seele weites Land.

Nur manchmal, in den schwersten Tiefen,
Will's flüsternd durch die Stille geh'n,
Als ob im Traum die Stimmen riefen
Nach einem frohen Auferstehn …

Morgenlicht

Nun wollen wir dem Licht entgegen,
Das um die Purpurwipfel rollt.
Das Leuchten flammt auf allen Wegen
Und wächst und wird zum Morgengold.

Die glutumlohten Tannen singen
Und Jubel bricht aus jedem Klang,
Wie kampfbereites Fahnenschwingen
Braust durch den Wald der Höhensang.

Und lauter werden alle Weisen
Und jedes Wesen sucht sein Lied,
Die Schaffenskraft des Lichts zu preisen,
Das nun ins volle Leben glüht.

Das sind die Stunden …

Das sind die Stunden, die der Sehnsucht heilig sind:

Wenn in den Blütenblättern still der Abendwind
Ein dämmerdunkles Lied der müden Wehmut rauscht
Und dann verstummend selbst dem Spiel der Töne
lauscht,
Wenn alle Kelche sommerschwere Düfte glühn,
Und ferne Himmelsrosen purpurblutend blühn,
Und unsrer Kindheit wundersame Märchenglocken
Mit weicher Liebesmär die Seelen an sich locken,
Wenn lautes Leben wesenlos vorüberrinnt …

Das sind die Stunden, die der Sehnsucht heilig sind.

Vorahnung

Mir ist, als ob ein tiefer Drang
Im stummen Herz sich rührte,
Mir ist, als ob ich leisen Sang
In meiner Seele spürte.

Denn Deiner Schönheit Spiegelbild
Ließ alle Saiten schwingen
Sie ahnen's schon: Zigeunerwild
Wird bald ihr Lied erklingen!

Vorüber …

Dunkelflutend durch die blassen Tale
Kriecht das letzte Abendrot entlang,
Dort im goldumwobnen Himmelssaale
Trinkt der Tag aus purpurnem Pokale
Selig seinen Todestrank.

Königspracht! – Allein mein Blick wird trüber,
Ein Gedanke zieht so müd und sorgenschwer
Zu der lichten Tagesspur hinüber:
Wieder ging ein reicher Tag vorüber
Ungenützt und inhaltsleer!

Nacht am Gebirgssee

Leise zieht mein Boot in blassen Wellen,
Die den Sternenreigen funkelnd spiegeln,
Breite, duftumhüllte Silberquellen
Rinnen von den mondbeglänzten Hügeln.

Und der Nebel sinkt in faltenschweren
Lichtgewanden müde um die Bäume,
Dunkeltrotzig starren rings die Föhren
Wie versteinte, sorgendüstre Träume.

Und von wildzerzackten Felsenwänden
Schwebt die Nacht behutsam durch die Stille
Und sät Frieden aus mit leisen Händen …
Lautlos zieht die blanke, schwanke Zille.

Lautlos schmiegen sich die weichen, feuchten
Bergseefluten an die helle Planke …
Tiefe Ruh … Nur fern ein Wetterleuchten
Wie ein wachgewordener Gedanke …

Winterabend im Zimmer

Die Nebel sinken tiefer in das Dämmern,
Ein düstrer, schwarzumgrauter Wintertag,
Es singt der Sturm. Und schwere Tropfen hämmern
An trübe Scheiben, rhythmisch Schlag auf Schlag.

Ich sinne stumm beim Funkenspiel der Kohlen. –
So still und traulich wird der enge Raum,
So sonntagsfroh … Nun naht mit leisen Sohlen
Der erste, langersehnte Frühlingstraum …

Spätsommer

Durch die dunkelgold’gen Garben
Leuchten fröhlich bunte Farben,
Blumen, die die Mahd versäumten
Blicken müde mit verträumten
Großen Augen in das Feld.

Weiße Schmetterlinge streichen
In den milden, sommerweichen
Blumendüften auf und nieder,
Und der Bienen leise Lieder
Wiegen in den Schlaf die Welt …

Mein Lied

Alle Lichter sind verglommen …
Träumend horch' ich und beklommen
Wie mein Schmerz zum Liede wird,
Und als Schluchzen müder Geigen
Durch das abendstille Schweigen
Mit gebroch'nen Schwingen irrt …

Wunder des Abends

Fern summt der Abendsang der Kathedrale …
In Dämmerflut versinkt ihr goldner Knauf,
Und von dem nebelstillen, tiefen Tale
Zieht stumm und groß, auf seidener Sandale
Die reife Sommernacht herauf.

Weit drüben siehst Du einen Stern versprühen …
Nun ahnst Du, daß ein Wunder Dir geschieht. –
Du träumst und sinnst … Und weiche Worte blühen
In dunkler Seele zitternd auf und mühen
Sich still zu einem neuen Lied …

Ein Drängen …

Ein Drängen ist in meinem Herz, ein Beben
Nach einem großen, segnenden Erleben,
Nach einer Liebe, die die Seele weitet
Und jede fremde Regung niederstreitet.

Ich harre Tage, Stunden, lange Wochen,
Mein Herz bleibt stumm, die Worte ungesprochen
In müde Lieder flüchtet sich mein Sehnen,
Und heiße Nächte trinken meine Tränen …

Volksmotiv

Ich blicke in die milde Sternennacht,
Da ist in mir ein leiser Wunsch erwacht.

Und meine starke Sehnsucht fliegt und fliegt
Fernhin, wo still im Schlaf mein Liebchen liegt.

Und meiner Liebe goldnen Sonnenschein
Webt sie ihr in den blassen Traum hinein.

Da werden alle Bilder hell und bunt.
In sel'gem Lächeln rundet sich ihr Mund.

Und meine Sehnsucht bringt das höchste Glück
– Dies Lächeln ihrer Lippen – mir zurück …

Regentage

Dunkle Tage, wolkenübersponnen,
Jeder regenschwerer noch und trüber
Ziehen teilnahmslos an mir vorüber
Schweigend, wie verhüllte, blasse Nonnen.

Und das Herz wird enger da und stille
Kaum will sich ein leiser Wunsch noch regen,
Langsam stirbt im steten, steten Regen
Jeder frohbewegte Schaffenswille.

Und des Nachts kann sich kein Bild mehr spinnen
In den sonst so farbenbunten Träumen,
Denn ich horche nur von allen Bäumen
Auf das monotone Regenrinnen …

Einsamkeit

Frohen Herzens bin ich in die Welt gegangen
Und voll Sonne war mein junger Blick,
Doch nun kehrt' ich mit verhärmten Wangen
Wieder zu der Einsamkeit zurück.

Und ich sehe wunschbefreit und weise
In das bunte Schicksalseinerlei,
Kaum verspür ich's noch, so leise, leise
Rinnt an mir die Jugendzeit vorbei.

Immer werden meine Blicke weiter,
Selig halt' ich eine Welt umspannt,
Denn ich blicke froh und wissensheiter
In des Lebens unbegrenztes Land.

Hieher dröhnt kein Wächterschritt der Stunden,
Unbemerkt verbraust mein herbes Leid,
Langsam narben meine tiefen Wunden
Von der weichen Hand der Einsamkeit.

Meiner Seele nahm ich dumpfe Riegel,
Und geöffnet prangt der Wunderschrein,
Ewig lernend blick' ich in den Spiegel
Meiner *eignen* neuen Welt hinein.

Was sich dort im Leben ohne Ende
Streitet, blendet, schlägt und überschreit
Liegt hier, Farben, Töne, wie in Bände,
Meinem Willen nach, geformt, gereiht.

Jedes Wesen fürchtet meinen Willen
Hier im engen – unbegrenzten Raum
Jede Sehnsucht weiß ich zu erfüllen. –
Wirklichkeit entblüht dem Dichtertraum.

Und wenn heimlich dann an manchen Tagen
Meine Sehnsucht hin zum *Leben* zieht
Brauch ich dieses Buch nur aufzuschlagen
Und die Seele schaut und wird nicht müd …

Nach dem Frühlingsregen

Das dumpfe Brausen ist vergangen. –
Nun stehn die Bäume stahlbeglänzt und nackt,
Die Tropfen zittern, die von Syrinxblüten niederhangen
Und fallen langsam, wie im Takt. –
Das Feld erklingt
Von tausend neuerwachten Lauten
Und badet sich in Gold und Sonnenleuchten,
Ein frohes Kind, das in noch tränenfeuchten
Schelmaugen wieder mit dem Lächeln ringt.

Im Balladenton

Es ist ein Glück gekommen
Ein Glück auf dunkle Nacht,
Da ist in engen Mauern
Aus sorgenschwerem Trauern
Ein Herz im Jubel erwacht.

Es ist ein Brief gekommen
Von *ihm* aus Kampf und Krieg.
Er war schon lang verschollen,
Sie hats nicht glauben wollen;
Nun meldet er fröhlichen Sieg.

Es ist ein Gruß gekommen
Vom Sohn im fernen Land,
Sie hört ihr Herz laut klopfen,
Und brennende Tränen tropfen
Auf die bebende Mutterhand.

Es ist ein Glück gekommen
Ein Glück auf dunkle Nacht,
Da ist in engen Mauern
Aus sorgenschwerem Trauern
Ein Herz im Jubel erwacht.

Weihnacht

Im Dunkeln tönt noch letztes Schellenklingen,
Das bald der müde Abendwind verweht.
Nun kommt die Nacht mit ihren weichen Schwingen
Vom Himmel, der in tausend Sternen steht.

Die Andacht weitet ihre stillen Kreise
Und spricht in jedem zagen Kinderherz,
Gebet und Dank vollenden ihre fromme Reise
Und ziehn wie Opferflammen himmelwärts.

Und übervolle Menschenherzen reichen
Sich stumm die Hand im Bann der tiefen Macht
Der wundersel'gen und erfüllungsreichen
Den Kinderseelen heil'gen Gnadennacht.

Hand in Hand

Laß Deine Hand in meinen Händen,
Dort ruht sie weich und mild und gut,
Und leise rinnt ein Gabenspenden
Von meiner Glut in Deine Glut,

Bis sie nicht von einander scheiden
Was jede noch ihr eigen nennt.
Und dann verzehrend in den beiden
Ein *einziger* Gedanke brennt. –

Rauher Frühling

Heut ist der Held aus unsern Winterträumen
Der Frühlingssturm zur starken Tat geworden.
Mit Herrschergriffen harft er in den Bäumen
Sein Königslied in brausenden Akkorden.

Vieltausendfach tönt's aus den Kronen wieder
In sturmgepeitschten, grollenden Chorale.
Und knirschend gräbt er in die weichen Glieder
Der Erde schmerzenstiefe Knechtesmale.

Doch kraftbewußter wird das Frühlingsstürmen
Des jungen, lebensstrotzenden Despoten.
Nun flattern schon die Nebel von den Türmen
Die ihnen noch den letzten Schutz geboten.

Hell jauchzt er auf … Und Wolkenfetzen fliegen
In wirrem Tanz … Zerrissen ist der Schleier
Die Sonne leuchtet auf sein frohes Siegen,
Und Goldglanz krönt die erste Frühlingsfeier.

Abendklänge

Es ist ein Singen ausgegangen
So sehnsuchtsvoll und leis und lind,
Als trauerte mit blassen Wangen
Den Blick vom Tränenglanz verhangen
Am stillen Rain ein Königskind.

Und blickte unter lilienzarten
Schmalfingern in das große Licht
Und in des Abends Purpurgarten
Den fernen Liebsten zu erwarten
Und der Geliebte käme nicht …

Tag und Nacht

Es sprach der junge Tag in meinen Traum:

»Wach auf! Sieh! Meines Mantels goldner Saum
Ist über dunkle Dächer ausgegossen,
Und tausend Ströme sind geflossen
Und wurden Morgenlicht und heller Tag.
Nur Du noch ruhst im Traumeshag
Wo alle Wünsche wie lebendig scheinen
Und sich zu wechselbuntem Spiele einen. –
Blick auf! Hörst Du aus fernen Dämmern
Den Rhythmus der Arbeit mit ehernen Hämmern
Wach auf! – Aus allen Poren bricht das Weltgetriebe,
Kein Glied, das ohne Kraft und Schaffen bliebe
Und jedes schmiegt sich wieder sorgsam ein
In meiner Lande unbegrenzte Reihn
Und keiner ruht. – Nur Du allein!« –

Und tiefer kroch das Leuchten an der Wand.
Auf meinen Augen lag's, wie eine heiße Hand
Und schnell war Lid und Wimper offen
Von goldner Flut des frohen Lichts getroffen.

Und wieder klang die leise Stimme mir:

»Mit erlesenen Gaben komm ich zu Dir.
Mein Kleid ist weit. Doch seine tausend Falten
Vermöchten nicht der Gaben reiche Zahl enthalten,
Die meine Arme Dir entgegenbreiten.
Ich bringe Dir Ehre und Glück aus den Weiten
Ich habe Dir alle Wege geweitet,
Drauf purpurne Rosen und Blüten gebreitet,
Was Deine Gedanken nur betend erwähnt,
Was Deine Wünsche mit Tränen ersehnt,
Was kaum Du erhofft in schüchternem Denken,
Das will ich Dir heute, heute noch schenken.

Ich will Dir den ungeborenen Willen
In leuchtenden Farben zur Wahrheit erfüllen
Und für das Leid aus fernen, schweren Tagen
Werd' ich Dir wunderweiche Worte sagen,
Und Glück und Sorge, was Dich nur umflicht,
Dir wird es wesenlos und lebt nur im Gedicht. –
Ich mache Dir zaubergewaltig den Arm
Ich führe Dich weg von dem neidischen Schwarm,
Der jedes Streben sinnberauscht verlacht.
Ich nehme Dir alles, was Dich ihnen ähnlich macht.«

So sprach der Tag. Ich aber horchte fort
Und schlürfte gierig Wort für Wort.

»Doch geb' ich nicht die überreiche Spende
In schlummermüde, arbeitsträge Hände
Und werfe Dir nicht die Gaben dahin. –
Steh' auf und sieh sie *im Leben* erblühn!
Ich bin der Tag und bin dem Leben gleich
Erfüllung harrt für jeden Wunsch in meinem Reich,
Nicht wirst Du *bittend* meine Gunst erringen
Nein! Wie ein Weib mußt Du mich zwingen,
Das nicht für weiche Worte seine Gaben gibt
Und nur die Kraft, den starken Willen liebt,
Der sie mit seiner Wucht errungen.«

So sprach der Tag mit leisen, weisen Zungen
Und flammte heiß mit grellen, gelben Lichtern,
Und still ward da mein Herz und schüchtern
Bei dieser Worte wahrheitsschwerem Klang
Allein der Tag fuhr fort und sang:

»Doch hat Dich das Schaffen dann müde gemacht,
Führ' ich Dich neu in die Arme der Nacht.
Durch des Abends blütenrote stille Weiten
Will ich Dich zum Traume heimgeleiten;
Diesem schenkst Du, was ich Dir errungen,
Glück und Glanz und echte, große Lieder
Und er gibt es tausendfach Dir wieder
Durch der Traumessänge seligsüße Weise.
Und so dreht sich Tag und Nacht im Kreise
Bist Du bei mir stark und stolz geworden,

Löst die Nacht mit ihres Lieds Akkorden
Wieder Deine Einsamkeit und Eigensucht
Und des steten Wechsels reiche Frucht
Ist: Daß Du des Nachts die Seele sehnend weitest
Und des Tags zur Tat Dich froh bereitest.
Doch nun laß des Morgendämmerns bleiche
Traumesgärten! Auf! Zieh ein in meine Reiche.«

Und es wuchs in mir ein frohes, heißes Beben
Ich sprang auf, hinein ins volle Leben!

Verstummter Wind

Nun läßt der Sturm sein wildes Kampfverlangen
Und ruht der Nacht im weichen Mutterschoß,
Ein Knabe, der den Tag sich müd gegangen
Die Augen traumversehnt und still und groß.

Die Nacht singt eine milde Schlummerweise
Die ist so segnungsreich und lösungslind! …
… Nun schläft er schon … Der Sang verzittert leise
In Bäumen, die voll tiefer Träume sind …

Junge Glut

Tiefe Nacht. –
Aus sinneheißem Traum bin ich erwacht.
Ich träumte von schimmernder Glieder Pracht
Von Frauen, die mit liebesfrohen und verständnisstillen
Verschwiegnen Blicken Wunsch und Sucht erfüllen,
Ich träumte von glühenden brennenden Küssen
Von trunkener Geigen laut jubelndem Klang,
Von wilden, berauschenden Glutgenüssen
Von Mädchen, die ich als Sieger bezwang …
Und jede Sehnsucht fand im Traum ihr Ende
Doch nun bin ich erwacht!
Allein! ……. Allein!! ……..
… Und sinnetrunken tappen meine Hände
In schweigende Dunkelheiten hinein
Hinein in die leere, nichtssagende Nacht! …

Gefangen

Im Glas steht tiefgebeugt die Rose. –
Da draußen spielt der Sonnenschein
Und sendet mit den lichten Fluten
Den Abglanz seiner Glut herein.

Ihr ist, als sei sie längst gestorben
Und läge lebend doch im Grab …
Erzitternd fällt ein Wassertropfen
Wie eine Träne still herab …

Dichterstunde

Nun schwebt die Einsamkeit auf weichen Flügeln …
Verschwiegen wird und fromm ein jedes Tun,
Und ihre Blicke segnen und entsiegeln
Die stummen Worte, die noch hilflos ruhn,
Bis dann die Seele, voll der Pracht entschleiert
Der Träume einsamsfrohe Feste feiert …

Schneewinter

Nun, da die Dächer schneeumkleidet liegen,
Der Wintersturm durch leere Heiden irrt,
Daß sich die nackten Bäume seufzend biegen,
Da sehn' ich mich an eine Brust zu schmiegen
An der mein wildes Trauern stiller wird.

Nach Fingern, die nur meine Stirne streifen
Und aller Gram und Unlust flattert fort,
Nach Blicken, die mir an die Seele greifen,
Bis mir dann neue Frühlingsträume reifen
Aus einem einz'gen leisen Liebeswort.

Werbung

Oh, komm in meiner Träume Reiche!
Dort drohen nicht brausende Stürme wie hier,
Dort ist meine Krone. Aus silbernem Teiche
Taucht sie empor und duftende weiche
Mädchenhände reichen sie mir.

Und laute jubelnde Sänge grüßen
Aus Tiefen und Talen so wunderbar,
Die voll im Dufte des Abends erfließen …
… Da beug ich mich nieder mit bebenden Füßen
Und schmieg' Dir die Krone ins seidene Haar.

Dann schreiten wir tiefer ins Sonnenblinken
– Es haften Dir Rosen am schimmernden Kleid –
Wir wandeln zur Flut, das Vergessen zu trinken …
Und in die dämmernden Wogen versinken
Die Tage voll Sorge und menschlichem Leid …

In den Tag hinein

Das ist des Schicksals höchstes Schenken,
Des Lebens innerster Genuß,
Daß wir im reichen Überfluß
Nicht an den trüben Tag stets denken,
Da aller Glanz verdämmern muß.

Daß wir durch frohe Tage schreiten,
Wo heiß das Leben uns umloht,
Nur Blüten blicken, leuchtend rot
Und nicht die wetterdunklen Weiten
Voll Klage, Sorge, Not und Tod …

Nach Hause

Längst ist kein Lichterglanz mehr wach;
    Im Nebelmeer versunken
Sind Turm und Häuser, Dach für Dach. –
Nur wir allein ziehn sehnsuchtstrunken
Dem gold'nen Venussterne nach.

Der führt uns dunklen Wegen zu
    In zärtlichem Begleiten. –
Das Herz blüht auf von Glück und Ruh …
Das Ziel, dahin wir selig schreiten,
Wir ahnen's beide, ich und Du …

Frühlingssonne

Frühlingslicht und Blütentreiben,
Goldglanz auf den Fensterscheiben
Und dahinter kleine Wichter
    Übermütige Gesichter,
    Heller Kehlen geller Jubel
    Kunterbunter Freudentrubel,
Kinder die sich fröhlich recken
Ärmchen in das Leuchten strecken:
    »Oh Du liebe liebe Sonne!«

Aus schweren Nächten …

In meine Nächte zittert manche Träne
Kein Traum schließt meine wunden Augen zu …
Oh, wie ich mich nach Deinen Lippen sehne
Nach ihrem glockenreinen weichen »Du«!

Oh Gott, nur Deine leise Hand zu fühlen
Und Deiner Finger stummen Liebesdruck,
Die mild die fieberheißen Pulse kühlen!
Minuten nur!! – Mir wär es Glücks genug …

Meine Liebe

Ich hasse Frauen mit dem satten Lächeln,
Das nur Erfahrung und Gewohnheit gibt,
Die prahlerisch gereifte Reize fächeln. –
Ich hasse den, der solche Schönheit liebt.

Aus stillen Augen will ich Funken schlagen
Bis sie in heißer Liebeslust erglühn,
Will blassen Mädchen meine Träume sagen,
Durch deren Parke ihre Bilder ziehn.

Will Glieder fühlen, die es nicht verspürten,
Daß sie dem Leben schon herangereift,
Die Lippen schmiegen auf die unberührten,
Die nie ein tatgewordner Wunsch gestreift.

Ich will nur elfenzarte Finger küssen,
Durch die das Blut mit blassem Leuchten rinnt,
Ich liebe Mädchen, die nicht Wahrheit wissen,
Ein armes, stilles lebensfremdes Kind.

Doch dieser weiß ich tausend Seligkeiten
Aus unverbrauchter Jugend heißer Glut,
Um ihre Glieder will ich Königspurpur breiten
Wenn sie im Banne meiner Arme ruht.

Sie will ich dann das *Glück* der Liebe lehren,
Das weit hinauf in Himmelsfernen trägt,
Sowie von opferflammenden Altären
Die Lohe jauchzend zu den Sternen schlägt …

Nun weiß ich …

Mich hat ein süßer Traum bewegt,
Durch Wochen, Nacht für Nacht.
Ich hatte seines Glücks nicht acht;
Doch wie mir heut der Morgen sacht
Den Schlummer von den Lidern trägt,
Hab' ich an Dich gedacht.

Nun weiß ich, wer das frohe Licht
In meine Nächte spinnt.
Denn ihr verklärtes Traumgedicht
Ist nur Dein liebes Angesicht.
Das heiligt sie so tief und schlicht,
Daß sie voll Sonne sind …

Im alten Parke

Ein Spätsommertraum

Meinem lieben *Adolph Donath*
in treuer Freundschaft

Sehnsucht

Niemals hab ich Liebeslust empfunden
In den raschen, mauerschwülen Stunden! –
Hier im alten Parke, wo nur noch verspätet

Sonnenblitze schimmern und die Stimmen
Müde in die Dunkelheit verschwimmen,
Möcht' ich lieben, wenn der Abend leise betet. –

Treten möcht' ich durch die offne Pforte
Und im Dämmer einer Liebsten Worte
Flüstern, bis Gewährung ihre Wangen rötet,

Dort, wo hinter goldumglänzten Gittern
Rote Rosen in Erwartung zittern
Vor dem Herbst, der sie in seinem Arme tötet …

Ahnung

Die Sonne endet ihre Reise, –
Wir wandeln unsern Park entlang.
Von ferne summt noch eine Weise …
Wir horchen hin … Und leise, leise
Zieht es uns mit in Wort und Klang,

Als wollte alles sich erfüllen,
Was in uns noch in Blüten steht. –
Wir ahnen den geheimen Willen,
Und unsre Liebe neigt die stillen
Versehnten Augen zum Gebet …

Erfüllung

Uns will der lange Sommertag nicht enden,
Wir schreiten immer tiefer in den Park hinein,
Und frohen Herzens, mit verschlungnen Händen
Begrüßen wir den Tagestod und senden
Die haßerfüllten Blicke in den Abendschein.

Wir hassen seine grellen Sonnenstrahlen,
Wir lieben nur die liebesdunkle Nacht,
Da rauscht der Springbrunn in den Porphyrschalen
Und raunt ein Lied von unsern Sehnsuchtsqualen,
Und wie die späte Liebe dann erwacht.

Und ringsum in den abendwinddurchwehten
Tannwipfeln rauscht der duftgeschwellte Klang,
Und zittert wieder aus den mondlichtübersäten
in warmen Duft gebetteten Geranienbeeten
Und weckt in uns den wundersamen Drang …

Auf allen Wegen träumt das große Schweigen,
Das Mondlicht sickert silbern durch's Geäst,
Die Sehnsucht spielt auf zaubersüßen Geigen …
Da, unter schattenschweren, dunklen Zweigen
Erblüht nun unsrer Jugend heil'ges Fest.

Und sorgsam webt der Abend dichte Schleier …
Im fernen Äther ist ein Sternenreich erblüht,
Und glitzernd ruht sein Bild im friedesstillen Weiher.
Der Park ist aufgeblüht … Zu unsrer Liebesfeier
Singt er der Klänge und der Düfte schönstes Lied.

Erste Schatten

Die Liebesworte sind verzittert,
Und heimlich wird die Frage laut:
»Wird all' das Glück uns eigen werden,
Das uns heiße Sehnsucht baut?«

Wir wagen's beide nicht zu sagen,
Wir beten nur und atmen kaum. –
Das Schweigen irrt mit Silberschwingen
Durch den resedenschwülen Raum …

Ausklang

Wir beide blicken, Hand in Hand geschmiegt,
Gemeinsam in das gleiche Buch hinein.
Es ist so still. – So still. – Verzitternd liegt
Am Himmel dunkelroter Sonnenschein.

Ganz still … Nur ab und zu ein Blick
Die Augensterne grüßen sich entgegen
Und schimmern feucht von übergroßem Glück …

Und leise naht der Herbst auf laubbedeckten Wegen,
Greift in die Blätter, die im Sommertode starben
Und treibt sie hin in kindisch-frohem Spiel.
Er nimmt den Wipfeln ihre fröhlichbunten Farben
Und schneidend ist sein Atemzug und kühl.
Der Wind knirscht zornig in den schwachen Ästen,
Die biegsam seinem rohen Ansturm weichen
Und seine Wut verschäumt nun an den wetterfesten
Jahrhundertalten, sturmgewohnten Eichen.

Auch hoch zu unsern Häuptern murren da und flüstern
Die Gipfelkronen wehmutsvolle Herbstesmelodien,
Und kranke, müde, dunkelbunte Blätter knistern
Herab zu unserm Buche hin ……..
… Wie breite schwere Blutestropfen!

Wir fahren auf. – Die wilden Herzen klopfen,
Und unsre Blicke treffen sich in banger Frage
Und meiden sich und suchen stets sich neu:
»Der Herbst schon da? Dahin der Sonnenschein
All unsrer jugendfrohen Sommertage?
Der goldne Liebestraum vorbei? …

Kein Wort, kein Blick. – Denn in uns brennt ein Sehnen
Nach unserm Sommerglück, der Liebesnächte engem
Kreis.
Und mühsam zwingen wir die aufgequollnen Tränen
Da jeder doch den Herbst – das Ende – nahe weiß.

Es ist so still, so furchtbar still. – Kein Ruf, kein Laut! …
Die Nacht durchschreitet riesenhaft das Heidekraut,
Sieht uns mit dunklem Auge an und winkt uns zu:
Kommt in mein Reich, dort habt ihr Traumesruh. –

Doch wir, wir wandeln schmerzversehnt und zag.

Da plötzlich klingt ein wehmutsvoller Nachtigallenschlag,
So schmerzdurchtönt und trauervoll und lind
Aus dunkelübersponnenem Geäst …

Da wird zur tiefen Qual das stumme Sehnen,
Und bald hat sich der unnennbare Schmerz gelöst,
Der nun in wilden, glühendheißen Tränen
In diese erste dunkle Herbstesnacht verrinnt.

Erinnerung

Nun baut der Winter seine weißen Mauern,
Und alles strahlt in hellem heitrem Licht,
Nur unser Park liegt stets in stillem Trauern,
Das nie ein Laut mit fremder Stimme bricht.

Es ist, als dächt er jener Sommertage,
Die wir verbracht in froher Festlichkeit
Und rührend ist mir seine stumme Klage,
Allein in dieser weiten, schweren Einsamkeit …

Die frühen Kränze

Die frühen Kränze

Oh, come grato ocorre
Nel tempo giovanil, quando ancor lungo
La speme e breve ha la memoria il corso,
Il rimembrar delle passate cose!
Leopardi

I

Oft bange ich, vom Tal der Heiterkeit
Biege mein Weg zu Stille schon und Schweigen,
Denn leiser wandelt meiner Stunden Reigen,
Wie Menschen gehn vor naher Müdigkeit.

So war, was ich, ein Kind, ein Träumer nahm
Das Leben schon? Und waren die verfrühten
Geschicke, die ich griff, schon reife Blüten,
Mit denen meine Jugend zu mir kam?

Doch Fragen sind dies, die ich klaglos spreche,
Denn keiner weiß es ganz, was er erlebt,
Da er noch Strom ist und geschnellte Schwinge,

Und erst, wenn alle Unrast fern verbebt,
Malen sich bildhaft auf der stillen Fläche
Die späten Träume der erlebten Dinge.

II

Doch diesen Glanz verlangt es mich, zu halten,
Zu fassen das, was kaum Erlebnis war,
Der Ferne Gruß, der Frauen mattes Haar,
Den lieben Schritt enteilender Gestalten,

Und solche Bilder, ehe sie verschatten,
In heißen Worten formend zu erneuern,
Daß sie, geläutert von den späten Feuern
Ein Glühen geben, das sie einst nicht hatten.

So wird, was schon verging, mir neu zu eigen
Und reicher nun. Gefangen im Gedicht
Runden die Stunden längst schon welker Lenze

Sich lächelnd wieder in den Lebensreigen
Und ein – fast träumendes – Besinnen flicht
Die bunten Farben in die frühen Kränze.

Die Lieder des Abends

> Heard melodies are sweet, but those unheard
> Are sweeter. *Keats*

Die Dinge, die die Abende erzählen,
Die sind so seltsam süß und wunderbar,
Weil sich in ihnen Wunsch und Wort vermählen
Und küssen, wie ein Schwesterlippenpaar.

In ihnen schläft der Schmelz der Violinen
Und träumt ein Trost, der nicht dem Tag entstammt,
Und sorglos nimmst du Süßigkeit von ihnen
Gleich einer Rose, die am Wege flammt.

Wohl müssen die Lieder im Abend sein
Und dort meines Weges warten,
Denn geh ich in seine Arme hinein,
So tönt mein Herz ganz glockenrein
Und klingt wie der Wind durch den Garten.

Ist dies der Abend, der also singt
Und den meine Lieder erlauschen,
Ist's Mondglanz, der süß und silberbeschwingt
In die perlenden Kelche der Blüten sinkt,
Ist's der Wälder traumraunendes Rauschen?

Ich weiß nur: ein lockender Wille drängt
Mich hin in die Abendgelände,
Und wie das Herz dort sinnt und denkt,
Fühlt es oft, wundersam beschenkt,
Eines Liedes aufpochende Hände.

Und fühlt: der Abend ist reich und rein
Und voll von rauschenden Gnaden.
Was wir uns ersingen, war alles sein
Und unser Wandern ein Weg allein
Auf seinen ferndunkelnden Pfaden.

Träume

Du mußt dich ganz deinen Träumen vertrauen
Und ihr heimlichstes Wesen erlernen,
Wie sie sich hoch in den flutenden blauen
Fernen verlieren gleich wehenden Sternen.
Und wenn sie in deine Nächte glänzen
Und Wunsch und Wille, Geschenk und Gefahr
Lächelnd verknüpfen zu flüchtigen Kränzen,
So nimm sie wie milde Blüten ins Haar.
Und schenke dich ganz ihrem leuchtenden Spiele:
In ihnen ist Wahrheit des ewigen Scheins,
Schöne Schatten all deiner Ziele
Rinnen sie einst mit den Taten in Eins.

Lied des Einsiedels

Wie seltsam hat sich dies gewendet,
Daß aller Wege wirrer Sinn
Vor dieser schmalen Tür geendet
Und ich dabei so selig bin!

Der stummen Sterne reine Nähe
Weht mich mit ihrem Zauber an
Und hat der Erde Lust und Wehe
Von meinen Stunden abgetan.

Der süße Atem meiner Geige
Füllt nun mit Gnade mein Gemach,
Und so ich mich dem Abend neige,
Wird Gottes Stimme in mir wach.

Wie seltsam hat sich dies gewendet,
Daß aller Wege wirrer Sinn
Vor dieser schmalen Tür geendet
Und ich dabei so selig bin.

Und von der Welt nur dies begehre,
Die weißen Wolken anzusehn,
Die lächelnd, über Schmerz und Schwere,
Von Gott hin zu den Menschen gehn.

Überglänzte Nacht

Der Himmel, dran die blanken Sterne hängen,
Hat seine Fernen atmend ausgespannt,
Und nachtverhüllte Blüten übersprengen
Mit heißen Düften das verklärte Land.

Die Wälder brennen blau wie Amethyste.
Sie rauschen nicht. Stumm stehen ihre Reihn,
Und solche Stille liegt im Land, als müßte
Der Engel Schwinge über ihnen sein.

Und jedes Herz muß diesen Segen spüren,
Und alle Wege, die noch irre gehn,
Wird nun ein Traum zu jenen Türen führen,
Die vor den Landen der Verheißung stehn.

Herbst

Traumstill die Welt. Nur ab und zu ein heisrer Schrei
Von Raben, die verflatternd um die Stoppeln streichen.
Der düstre Himmel drückt wie mattes schweres Blei
Ins Land hinab. Und sacht mit seinen sammetweichen
Schleichschritten geht der Herbst durch Grau und
Einerlei.

Und in sein schweres Schweigen geh auch ich hinein,
Der unbefriedigt von des Sommers Glanz geschieden.
Die linde Stille schläfert meine Wünsche ein.
Mir wird der Herbst so nah. Ich fühle seinen Frieden:
Mein Herz wird reich und groß in weitem Einsamsein.

Denn Schwermut, die die dunklen Dörfer überweht,
Hat meiner Seele viel von ihrem Glück gegeben.
Nun tönt sie leiser, eine Glocke zum Gebet,
Und glockenrein und abendmild scheint mir mein Leben,
Seit es des Herbstes ernstes Bruderwort versteht.

Nun will ich ruhen wie das müde dunkle Land …
Beglückter geht mein Träumerschritt in leise Stunden,
Und sanfter fühle ich der Sehnsucht heiße Hand.
Mir ist, als hätt ich einen treuen Freund gefunden,
Der mir oft nahe war und den ich nie gekannt …

Der dunkle Falter

Noch glüht, umwölkt von kühlen Abendrosen,
Vor mir die Heimat. Doch mein Herz erbebt
Vom Sehnsuchtslied der ewig Heimatlosen
Und fühlt den Schmerz, den es doch nie erlebt.

Wie eine milde, traurig-süße Mahnung
Umfängt mich dieses fremde Bruderleid.
Früh flügelt schon der dunkle Falter Ahnung
Über die Gärten meiner Jugendzeit.

So deutungsvoll ward mir das Stundenschlagen,
So müd mein Herz. Und selbst den tiefen Glanz
Der Frauenblicke weiß ich nur zu tragen,
Wie bange Hände einen welken Kranz …

Sinkender Himmel

Du Herz, das immer die Sterne begehrte,
Für jeden Wunsch verschenkt sich ein Traum.
Sieh, schon neigt sich der abendverklärte
Himmel zu dir, und du faßt es kaum.

Neigt sich und neigt sich. Und in sein Sinken
Hebt die Erde verschreckt ihr Gesicht,
Und wie mit purpurnen Lippen trinken
Die Höhen das letzte löschende Licht.

Alle Bäume schon müssen ihn fühlen,
Steil greift ihr Schmerz in den Abend empor,
Und mit den zitternden Armen wühlen
Sie sich in den samtenen Sternenflor.

Und tiefer rauschen die Wolkenfernen.
Schon streifen sie dich, wie ein Kuß, wie ein Kleid,
Und wiegen nun sanft mit den silbernen Sternen
Dein Herz in die nahe Unendlichkeit.

Graues Land

Wolken in dämmernder Röte
Drohn über dem einsamen Feld.
Wie ein Mann mit trauriger Flöte
Geht der Herbst durch die Welt.

Du kannst seine Nähe nicht fassen,
Nicht lauschen der Melodie.
Und doch: in dem fahlen Verblassen
Der Felder fühlst du sie.

Fahrten

Ein Wandrer, der zwei Fremden
Und keine Heimat hat.
Grillparzer

Noch immer hat kein liebes Band
Mich angeschmiegt an stillen Sinn,
Noch wird mir Heimat jedes Land,
Dem ich gerad zu Gaste bin.

Den hellen Straßen geh ich nach
Wie Staub, der nach den Rädern rennt,
Gern rastend unter einem Dach,
Wo nicht ein Herz das meine kennt.

Landfahrer ward ich mit dem Wind
Und des Gedenkens ganz entwöhnt,
Daß mir daheim noch Freunde sind,
Die ich mir einst als Glück ersehnt.

Ein Träumer in die runde Welt,
Der wegwärtswandernd schon vergißt,
Wohin der eigne Sinn ihn schnellt
Und wo sein Herz zu Hause ist.

Sonnenaufgang in Venedig

Erwachende Glocken. – In allen Kanälen
Flackt erst ein Schimmer, noch zitternd und matt,
Und aus dem träumenden Dunkel schälen
Sich schleiernd die Linien der ewigen Stadt.

Sanft füllt sich der Himmel mit Farben und Klängen,
Fernsilbern sind die Lagunen erhellt. –
Die Glöckner läuten mit brennenden Strängen,
Als rissen sie selbst den Tag in die Welt.

Und nun das erste flutende Dämmern!
Wie Flaum von schwebenden Wolken rollt,
Spannt sich von Turm zu Türmen das Hämmern
Der Glocken, ein Netz von bebendem Gold.

Und schneller und heller. Ganz ungeheuer
Bläht sich das Dämmern. – Da bauscht es und birst,
Und Sonne stürzt wie fressendes Feuer
Gierig sich weiter von First zu First.

Der Morgen taut nieder in goldenen Flocken,
Und alle Dächer sind Glorie und Glast.
Und nun erst halten die ruhlosen Glocken
Auf ihren strahlenden Türmen Rast.

Stille Insel

(Bretagne)

Glocken über die Fluren
Hör ich vom Lande wehn
Und kann schon die Konturen
Der runden Türme nicht mehr sehn.

Die Nacht, das Meer, zwei blaue Bänder
Durchstickt mit Sternengold,
Haben die Ränder
Der Insel in ihre Falten gerollt.
Alles wird Ferne und
Sinkendes Schweigen.
Wortlos neigen
Die Winde sich nahe an meinen Mund.

Weit und wie ohne Wiederkehr
Scheint dies alles, das mir entgleitet,
Die braunen Hügel, das blinkende Meer,
Die Bäume, die winkend im Hafen stehn,
Die Glocken, die über die Wasser wehn.
Und ich bin schon bereitet
Ins Dunkel, das sich drohend verbreitet,
Mit ihnen zu gehn
Abendallein
Mit meinem lastenden Einsamsein.

Da weht von den späten
Gehöften zwischen den Hügeln, die
Mit leisem Schritt in den Abend treten,
Noch eine schüchterne Melodie.

Und süß beklommen höre ich, wie
Kinder zu Gott in das Dunkel hinein
Um Schlaf und gütige Träume beten.

Nächte am Comersee

Von diesen Nächten, den sternelichtklaren
– Herz mit deinem ruhlosen Schritt! –
Was nimmst du von diesen wunderbaren
Nächten auf deine Wege mit?

Was du empfandest, wenn rings in der Schale
Des Teiches das Silber überschwoll
Und tief bis in die ruhenden Tale
Ein Strom von zitternden Sternen quoll?

Kann das verschatten, wie über dem Hügel
Weiße Blende in Nacht verging,
Wenn sich bläulich der eilende Flügel
Einer Wolke dem Mond umhing?

Kann das verwehn, wie die schweigsamen stillen
Blumen, die ihr heißes Gebet
Über die kunstvollen Türen der Villen
An dein atmendes Herz geweht?

Kann das verzittern, wie – leiser und blasser,
Eine sinkende Perlenschnur –
Der Mondglanz über das Wiegen der Wasser
Hinrann ins Dunkel und ohne Spur?

Bleibt dir denn nichts vom Raunen der schwanken
Zypressen hart an dem Ufergang
Und dort von all den Träumergedanken,
Eine Runde lang, eine Stunde lang?

Vielleicht nur ein Vers vom Wiegen des Windes
Und blinde Sehnsucht zurück in die Zeit,
Wie Duft gelöst in ein wehendes lindes
Gefühl unsagbarer Zärtlichkeit.

Brügge

I

Bei Tag ist alles hier Gewöhnlichkeit.
Die Straße klingt vom Holzschuhtritt der Bauern,
Vom Lärm der Weiber, die am Markte kauern.

Allein im milden Glanz der Abendzeit
Erwacht der alten Häuser leises Trauern.
Die Glocke mahnt … Und in den dunklen Mauern

Erstehn die Träume der Vergangenheit.

II

Hier sind die Häuser wie alte Paläste,
Der Abend hüllt sie in traurigen Flor,
Die Straßen sind leer, wie nach einem Feste,
Wenn sich der Schwarm frohlärmender Gäste
Schon fern in die schweigende Nacht verlor.

Die prunkenden Tore mit rostigen Klinken
Sind längst nicht mehr zum Empfang bereit,
Verstaubt und verwittert die Kirchturmzinken,
Die in den Nebel träumend versinken
Wie in das Meer ihrer Traurigkeit.

Und in den Nischen an dunkelnden Wänden,
Da lehnen Gestalten aus bröckelndem Stein,
Und reglos, in heimlichen Wortespenden
Sprechen sie leise die alten Legenden
In die tiefe Schwermut der Straßen hinein …

III

Die weißen Wolken fremder Lande,
Die nie ein Turm erklommen hat,
Sie scheinen nah im Spiegelrande
Und eingestickt dem schwarzen Bande
Der stillen Wasser dieser Stadt.

Wie Mädchen, die zur Messe schreiten,
So fromm und fürchtig ist ihr Gehn.
Man sehnt sich sehr, sie zu begleiten
Und über Trauer alter Zeiten
Mit ihnen sinnend hinzuwehn …

IV

Lind weht der Abendfriede in die stille Stadt,
Der Sonne goldnes Blut verströmt in den Kanälen,
Und eine Sehnsucht, die nicht Weg und Worte hat,
Beginnt nun von den grauen Türmen zu erzählen.

Die alten Glocken singen dumpf und wunderbar
Von Tagen, da ihr Jubelruf das Land umspannte,
Des Lebens Glanz tief unten in den Straßen war
Und fackelfroh das Wimpelspiel des Hafens brannte,

Von reichen Tagen wundersam und längst verglüht
Und die wie erster Kindertraum so fern geworden.
Das Ave schweigt … Und langsam stirbt der Glocken Lied
Und zittert aus in leise bebenden Akkorden.

Die letzten Töne nimmt ein lauer Abendwind,
Und einsam irrt der Nachhall in die toten Gassen,
Die alle schweigsam und ganz schmerzverschüchtert sind,
Ein blindes Kind, das jäh die Führerhand verlassen. –

Durchs stille Wasser streift ein wildes Schwanenpaar,
Und leise raunt die Flut, die schwingensacht erschauert,
Von einer schönen Frau, die Königin einst war
Und nun im dunklen Nonnenkleide einsam trauert …

Stadt am See

(Konstanz)

Schon fern, in dämmernder Verschönung
Die ernste Linie einer deutschen Stadt,
Geschmiegt in Wolken von so zarter Tönung,
Wie sie allein der Juniabend hat.

Im Uferpark Musik aus dunklen Lauben
Ein Lied: kennst du das alte Lied nicht mehr?
So lieb, so trüb wie Saft aus schweren Trauben
Ganz langsam quillt das Lied die Wellen her.

Da klingt dein Herz, als ob es Heimweh hätte,
Und sieht doch diese Stadt zum erstenmal,
Zum erstenmal die dunkle Silhouette,
Die schleiernd tränt im fahlen Mondenstrahl.

Frauen

Wenn ich im Dämmern liege,
Drückt mich das Dunkel kaum.
Wie eine weiche Wiege
Wiegt mich der alte Traum,
Der Traum der schönen Frauen,
Wen tröstete der nicht?

Kaum fühl ich seine Hände,
So neigen sich die Wände,
Die nahe Nacht zerbricht,
Und helle Bilder tauen
Sanft nieder aus dem lauen
Flutenden Rosenlicht.

Blühen

Die Mädchen in den ersten Tagen
Des Frühlings sind so wunderbar.
Noch wissen sie es nicht zu sagen
Und fühlen doch wie Kronentragen
Die Blüten hoch in ihrem Haar.

Des Windes leisen Violinen
Wandern sie nach im Lenzgebet,
Und eine Sehnsucht ist in ihnen,
Die ihre blassen Träumermienen
Mit vielen Feuern überweht.

Und aller Dinge dumpfes Streben
Gewinnt in ihnen seinen Sinn.
Der jungen Erde Rausch und Beben,
Sie tragen es mit ihrem Leben
Schon träumend in den Frühling hin.

Die Zärtlichkeiten

Ich liebe jene ersten bangen Zärtlichkeiten,
Die halb noch Frage sind und halb schon Anvertraun,
Weil hinter ihnen schon die wilden Stunden schreiten,
Die sich wie Pfeiler wuchtend in das Leben baun.

Ein Duft sind sie; des Blutes flüchtigste Berührung,
Ein rascher Blick, ein Lächeln, eine leise Hand –
Sie knistern schon wie rote Funken der Verführung
Und stürzen Feuergarben in der Nächte Brand.

Und sind doch seltsam süß, weil sie im Spiel gegeben
Noch sanft und absichtslos und leise nur verwirrt,
Wie Bäume, die dem Frühlingswind entgegenbeben,
Der sie in seiner harten Faust zerbrechen wird.

Das fremde Lächeln

Mich hält ein leises Lächeln gebannt.
Es hing
Ganz licht und lose am Lippenrand
Einer schönen Frau, die vorüberging.

Die fremde Frau war schön und schlank,
Und fühlte ich gleich, es zielte ihr Gang
In mein Leben.
Und dies Lächeln, das ich in Glut und Scham
Von ihren zartblassen Lippen nahm,
Hat mir ein Schicksal gegeben.

Wie ist dies alles so wundersam,
Das Lächeln, die Frau und mein sehnender Traum
Versponnen zu törichten Tagen.
Mein Herz verirrt sich in Frage und Gram,
Woher dieses seltsame Lächeln kam,
Und weiß ich doch kaum,
Wieso mir das heimliche Wunder geschehn,
Daß ich, erglutend in Glück und Scham,
Ein Lächeln aus fremdem Leben nahm
Und in das meine getragen.

Ich fühle nur: seit
Ich das Lächeln der leisen Lippen getrunken,
Ist die Ahnung einer Unendlichkeit
In mein Leben gesunken.
Meine Nächte leuchten nun still und lau
Wie ein Sternengezelt
In beruhigtem Blau.
Und der zarte Traumglanz, der sie erhellt,
Ist das Lächeln der Frau,
Der viellieben Frau,
Der schönen, an der ich vorüberging,
Der fremden, von der ich ein Schicksal empfing.

Terzinen an ein Mädchen

Seit deine Hände kühl an meinen ruhten,
Fühle ich traumhaft ihre weiße Schwinge
Tief in die Stille meiner Stunden fluten,

Doch eingebannt im Bilde vieler Dinge:
Bald ruhen sie wie schöne weiße Schalen,
Bald knistern sie um eine blaue Klinge,

Verblassen jetzt zu kränklichen Opalen
Und sind nun selbst wie schmachtend matte Frauen –
Doch immer ist in ihren schmalen, fahlen

Gelenken, die das Netz des bleichen blauen
Geäders zart und rätselhaft durchgittert,
Ein irres Leuchten und ein stummes Grauen.

Ist dies mein Traumglanz nur, der so gewittert,
Oder ist Funkenspiel dies deiner Seele
Ein fahles Fieber, das in dir aufzittert

Und das du niederringst mit stolzer Kehle? –
O leih mir, Seltsame, die kühlen Hände,
Doch nicht, daß ich sie so mit Fragen quäle

Und böser Stunden Spur in ihnen fände.
Ganz leise nur, ganz lieb will ich sie nehmen
Und wunschlos halten, deine blassen Hände,

Als wären sie zwei weiße Chrysanthemen.

Die Hände

Eine stille große Güte
Wacht nun zärtlich um mein Leben.
Zweier Hände weiße Blüte
Fühl ich durch mein Dunkel schweben.

Meine Seele klingt von Lachen
Doch sie wagt sich kaum zu rühren,
Denn sie fürchtet, ein Erwachen
Könnte ihren Traum entführen.

Und sie läßt die schlanken Hände
Wortlos zu sich niederneigen,
Aber wundersame Spende
Wacht und wartet in dem Schweigen.

Denn im Schweigen dämmern Reime,
Die sich sacht zu Versen bauen,
Und aus halberschloßnem Keime
Hebt sich leuchtend das Vertrauen,

Dieses selige Erleben
Als ein Lied den schmalen, weichen
Händen, die es mir gegeben,
Tiefbeseligt darzureichen.

Neue Fülle

O welch Glühn in fremde Hülle,
Da mein Mund an deinem hing!
Doch schon fühlt ich neue Fülle,
Als ich heimwärts von dir ging.

Und so schenkt ich mich der Ferne,
All die Sehnsucht sank in sie,
Und mein Herz und Nacht und Sterne
Rauschten gleiche Melodie.

Die geneigten Krüge

Nun wir bebend die geneigten Krüge
Jäh beglückter Leidenschaften sehn,
Wie nun wild und wehmutsvoll die Flüge
Einer Frage durch die Stunden wehn:

»War dies süßer nicht, als wir noch gingen
Reiner Sehnsucht priesterlich geweiht
Und das Dunkle in den vielen Dingen
Die Verheißung schien der letzten Lieblichkeit.

Da uns, nur den Fernen hingegeben
Traum ein wundersames Leben ward,
Dem der Seelen schwisterliches Schweben
Sich in reinem Sternenflug gepaart,

Da wir träumten wie durch weiße Gärten,
Deren Tempeltüren keiner fand
Und noch nicht dies arme Glück begehrten,
Das zerfließt in unsrer heißen Hand?«

War dies süßer nicht? … Durch Liebeslüge
Fühlen wir die Frage schmerzlich wehn,
Nun wir bebend die geneigten Krüge
Unsrer jungen Leidenschaften sehn …

Die Nacht der Gnaden

Ein Reigen Sonette

I

Ein schwarzer Flor umkränzte die Gelände.
Wie Boote segelten am Himmelsmeer
Die letzten lauen Abendwolken her
Und gossen Schattenschleier um die Wände.

Das Zimmer dunkelte. Die heißen Hände
Der beiden lagen willenlos und schwer
In ihrem Schoß und suchten sich nicht mehr.
Die leeren Worte waren längst zu Ende.

Sie bebten beide. Und ein Schweigen kam
Mit banger Schwüle. Er hielt sie umfangen
Und flehte ohne Wort: »Sei mein! Sei mein!«

Sie zitterte. Die Blüte junger Scham
Wuchs purpurn über ihre blassen Wangen,
Und Tränen stammelten: »Es darf nicht sein.«

II

Da ließ er sie: »Ich will dich nicht betören.
Sei du nur mein, wenn du es längst schon bist.
Nicht eine Gabe sollst du mir gewähren,
Gib mir nur das, was lang mein eigen ist.

Sei mein, so wie sich mit den Sternenchören
Der Himmel flutend in die Nacht ergießt,
Und Seligkeiten werden uns gehören,
Durch die der Strom der Ewigkeiten fließt.

Willst du den Kelch der Sünde nicht nur nippen
Und ganz dein Sein an eine Nacht verschwenden,
So wird bis an die Grenze deiner Tage

Ein Leuchten sprühn von ungeahnten Bränden
Aus dieser Nacht!« – Wie eine bange Klage
Umfing ein zartes Lächeln ihre Lippen:

III

»Was alle andern Schmach und Sünde nennen,
Wär mir ein Pfad zu lichten Seligkeiten,
Wenn nur auf meinem Mund, dem schmerzgeweihten,
Die roten Male deiner Küsse brennen.

Doch du bist Horcher in die Ewigkeiten,
Von denen mich die dunklen Wolken trennen.
Mich ließ nur Sehnsucht meine Jugend kennen
Und nicht die Träume, die zum Lichte leiten.

Drum will ich mich nicht deinem Willen senken,
Ob auch ein jeder Puls in meinen Gliedern
Mit seiner Sehnsucht dir schon angehört.

Ich bin zu arm, dir Liebe zu erwidern,
Und bin zu stolz, um Armut zu verschenken,
Denn sieh: Ich weiß, ich bin nicht deiner wert!«

IV

Da sprach er sanft – und wie von Orgeldröhnen
War seine Stimme wundersam bewegt –:
»Wer so wie du den Glanz der Güte trägt,
Ist auserwählt, ein Leben licht zu krönen.

Oh fühlst du nicht, wie in verwandten Tönen
In uns der rasche Takt des Blutes schlägt
Und wilde Flamme in der Tiefe regt,
Um sich in unserm Einklang zu versöhnen?

Ich glüh in dir, du glühst in meinem Leben,
Zu neuer Einheit drängt dein junger Schoß
Und will den Ewigkeiten sich vermählen.

Sei mein! Erst wenn uns übermächtig groß
Die Schauer eigner Schöpfungslust durchbeben,
Rauscht eine Welt in unsern freien Seelen.«

V

So sprach er glühend. Und sie beide standen
Im Bann des Blutes, wortlos wie verzagte
Verlorne Pilger nah den lichten Landen,
Wo schon das Frührot der Erfüllung tagte.

Dann kam ein Seufzen … als ob Weinen klagte …
Ein Knistern wie von sinkenden Gewanden …
Ein banger Ruf … Und als sein Auge fragte,
Ob sie der Sehnsucht wildes Wort verstanden,

Ward jählings Glanz in seinen Blick getragen,
Wie Glanz von Firnen … Aus dem Dunkel blühte
Gleich einer Lilie schlank und nackt ihr Leib.

Da schwieg sein Herz. Er wußte nichts zu sagen,
Wie ein Gebet durchdrang ihn ihre Güte,
Und diese Nacht ward sie ihm Gott und Weib.

VI

Ihm aber war in dieser Nacht der Gnaden,
Als fühlte er die Welt zum erstenmal.

Er sah die Sterne auf beglänzten Pfaden
Wie Boten wandeln durch den Himmelssaal,

Sah weit das Leuchten über den Gestaden,
Der Morgenröte purpurblassen Strahl,
Fühlte die Winde, wie sie duftbeladen
Sich wiegten in den Wipfeln ohne Zahl,

Sah Frucht und Blüte über den Geländen
Und Saat und Segen. Erst in dieser Nacht
Ward ihm das Wunder aller Schöpfung wahr.

Und wie ein Kind, das in die Welt erwacht,
Nahm er aus diesen milden Frauenhänden
Die neue Pracht, die längst sein eigen war.

Bilder

»Ich wache ja. O laß sie walten
Die unvergleichlichen Gestalten,
Wie sie dorthin mein Auge schickt!
So wunderbar bin ich durchdrungen.
Sind's Träume? Sind's Erinnerungen?
Schon einmal warst du so beglückt.«
Faust II.

Der Sucher

Als die Gefährten staunend von den Masten
Die Insel aller Seligkeit erschauten,
Zu der des Meisters Wille sie gesteuert,
Da priesen sie den Kühnen, lang Verhaßten,
Der sie mit Glut und Sehnsucht angefeuert.
Doch er, als Ziele ihm entgegenblauten,
Wandte sich still. Er fürchtete das Rasten.

Sein Herz verging in Weh, als die Gefährten
Mit irrer Inbrunst diese Ufer grüßten,
Die licht und schön wie Gottes Traumbild waren.
Mit Duft und Lied umfingen sie die Gärten
Und lockten lieblich mit den wunderbaren
Bekränzten Frauen, die an süßen Brüsten
Die letzte Sehnsucht sie vergessen lehrten.

Und als das linde Band der Rosenmauer
Sehnsucht und Seligkeit in sich vermählte,
Der Wollust Fackel purpurn aufgeglutet
Und wilde Wellen fremder Jubelschauer
Wie höhnend in die Einsamkeit geblutet,
Die sacht sein Herz zu neuer Inbrunst stählte,
Da schritt er abseits in verhüllter Trauer,

Und ruhte, wo mit wehmutsdunklen Zweigen
Zypressen träumten und die Sykomoren
Sich finster ballten, wie verstrickte Hände.
Tieftraurig sang der Wind auf fernen Geigen,
Und traurig sprach er sich sein Lied zu Ende:
»Was er besaß, das war ihm schon verloren,
Und nur, was er ersehnte, noch sein eigen.«

Sanft blühte aus der Nacht das Unbegrenzte,
Die letzte Lust, die noch sein Sinn begehrte.
Die Ferne funkelte mit zitternden Rubinen …
Und als der Himmel sich mit Sternen kränzte,
Die ihm wie Kronen kühner Taten schienen,
Da schritt er einsam mit dem blanken Schwerte
Zum Strande, wo ein Tempel silbern glänzte,

Und ließ auf den verlassenen Altären
Die goldnen Spangen, die ihm nutzlos deuchten.
Noch einmal fing sein Blick die dunkle Runde:
Dann stieß sein Ruder trotzig von den Schären
Das Boot ins Meer. – Auf seinem blassen Munde
Stand Schweigen. Doch die Stirne trug das Leuchten
Der Gottversucher, die nicht wiederkehren …

Landschaft

Nacht. – Die schlummernden Saaten hauchen
Heißen sinnbetäubenden Duft,
Dünste steigen in silbernen Rauchen
Aus der schwülen stockenden Luft.

Fernher droht ein Gewitterleuchten
Über dem dunkelnden Horizont.
Wolken umkreisen gleich aufgescheuchten
Vögeln den gelblich glimmenden Mond.

Und die Donner grollen mit schweren
Rufen in das harrende Land.
Über die reifen rauschenden Ähren
Streift es wie eine schweigende Hand …

Winter

Zu Gott, hoch über dem wandernden Wind
Flehen die Äste mit frierenden Armen:
Erbarmen! Erbarmen!
O sieh, wir waren schon frühlingsbereit,
Nun sind
Wir wieder in weißer Wehmut verschneit,
Und ist doch schon Blühen in unserm Blut.
O schenk uns den warmen
Lenzatem deiner urewigen Glut
Und scheuche den scharfen schneidenden Schnee
Von unseren Blüten. Er tut
Ihnen weh …

Biblische Ballade

»Und ein Feuer fuhr nieder vom Herrn und
verzehrte die zweihundertfünfzig Mann.«

Der Abend kam durchs Sternentor der Welten
Und stillte der Empörer lauten Groll.
Wie Todesschatten lag auf ihren Zelten
Das Schweigen bange und erwartungsvoll.

Jäh unter sie war eine Angst getreten,
Und auf die Lippen, noch von Flüchen schwer,
Klomm blaß ein erstes Lallen von Gebeten –
Da zog schon fern ein dumpfes Rauschen her.

Ein Blitz fuhr auf … Die Nacht ward steil zerbrochen,
Ein Feuerstrom sank aus der starren Wand
Und mitleidslos, wie es sein Wort versprochen,
Schlug alle Frevler Gottes starke Hand.

Mit Dunkel füllte sich die Himmelsschale,
In Wolkenflut ertrank des Mondes Horn,
Jehovas Sturm posaunte durch die Tale,
Und von den Höhen wetterte sein Zorn.

Der Verführer

Ich weiß nicht mehr, wie mein Leben war,
Bevor ich die Frauen kannte.
Ich weiß nur, ein dunkles Beben war
In meinem Blute, wenn ich zur Nacht,
Aus einem lockenden Traum erwacht,
Die Dinge mit fremden Namen nannte.
Da warf ich mein Fieber in Bücher und Bild,
Bis sie mir ganz gehörten,
Durch die Gassen stürmte ich wild
Und durch die dunkelnden Gärten.
Alle Dinge, die ich berührte,
Schienen mir Rätsel und raunende Worte.
Ich fühlte vor mir die offene Pforte
Und war doch zu zag,
Die andern zu fragen, wohin sie mich führte.

Und wußte es endlich an einem Tag.

Kaum sinn ich noch, wer die erste war,
Von der mir die wilde Erkenntnis kam.
Mir ist nur, als ob ihr gelöstes Haar
Mich manchmal wie flüsternder Duft umwehte
Und ihre sterbende Mädchenscham
Noch einmal in meine Augen flehte.

Doch ich nahm
Sie hart, wie Tiere ihre Opfer packen,
Nahm sie in trotziger Knabenart.
Da, – durch den Schleier der Wollust sah
Ich glühend nah
Ihr Auge in eigenem Lichte flacken.

Dieser seltsame Blick!
Von Haß und Qual ein brennender Stoß
Und doch namenlos
Glänzend von einem quellenden Glück,
Tiefster Traum dem Trotze gepaart,
Als zitterten diese gierigen Augen,
Mit ihrem Hasse mich in sich zu saugen,
Als ob das Feuer, das rot sie durchrollte,
Mich ganz in den Flammen vernichten wollte.

Und ein tolles Verlangen hat mich gedrängt,
In allen Frauen
Ewig nur mehr diesen Blick zu schauen,
Tiefste Sehnsucht, begehrendes Grauen,
Weigern und Wille und Widerstand
Funkelnd in einem einzigen Brand. –
Und die sinkende Hand und über den Wangen
Wie stürzende Welle das rote Verlangen,
Die wilde Minute,
Da allen Sinnen das Band zerreißt

Und lodernd im Blute
Die Flamme des ewigen Willens kreist.

Seit jenem Tage hab ich verlernt,
Die laue Anmut der Städte zu sehn,
Die Wolken, die über die Wälder wehn,
Mit den Frühlingswinden über das Feld
Erschauernd zu gehn.
Mein Himmel ist nur mehr mit Frauen besternt
Und schwingt um mich als ewige Welt.
An ihnen zähle ich Stunden und messe
Tage und Taten nach ihrem Maß,
Denn der Tag, an dem ich keine besessen,
Ist einer, an dem ich zu leben vergaß.

Oh, von des Dunkels sinkendem Pfad
Leise schauernd ins laue Bad
Ihrer weißen Leiber zu gleiten,
Und von ihren vollen
Atmenden Brüsten
Wie von weichen Wellen gehoben
Zu den fernen lockenden Küsten
Unbekannter Lüste zu rollen,
Ganz in die purpurnen Tiefen der schwülen
Fremden Seelen sich einzuwühlen.

Und dann des Morgens die schimmernden Ranken
Ihrer Arme, die wild mich umblühten,
Sanft zu lösen von atmender Brust,
Nicht mehr zurücksehn, nicht mehr ihr danken,
Vorwärtsfiebend mit neuerglühten
Sinnen fort in die Ferne zu wandern
Hin zu den andern
Harrenden Meeren der ewigen Lust.

Mein Weg geht weiter, ich halte nicht Rast.
Der Sehnenden Schrei,
Der Stöhnenden Fluch,
Der Verlassenen Schmach
Hetzt mir nach,
Doch schrill wie ein Tuch
Reißt hinter mir mein Leben entzwei.
Dem Unbekannten bleib ich nur Gast,
Was ich erstrebte, ist nicht mehr Begehr,
Was ich erlebte, leb ich nicht mehr!

Mein Weg geht weiter, wie durch den Wald
Gottes zornige Stürme brechen.
Ich werde nicht alt.
Die Gewalt
Der Sehnsucht befeuert
Mein Blut und erneuert
Den Willen, den tausend Siege nicht schwächen.
Denn jenes tiefste Geheimnis ist mein

Zu sein
Wie das Feuer, kaltfunkelnd im Edelstein,
Glut aus allen Poren versprühend
Und nie doch verglühend.
Der Atem von jenen, die ich bewältigt,
Hat meine Kraft nur vertausendfältigt.
Meine Seele flammt von der andern Licht,
Sie funkelt: und doch, sie verzehrt sich nicht.

Sie aber reißen sich nicht mehr los!
In allen den andern, die später kamen,
Liebt ihre Seele nur meinen Namen.
Aus zuckendem Schoß
Werfen sie Kinder ins Leben hinein.
Die sind nicht mein
Und ziehen doch nur meine Träume groß.
In ihren Augen
Glimmen die Funken von meinen Gelüsten,
Und sie saugen
Das Fieber aus ihrer Mütter Brüsten.
So kreist mein Wille in ewiger Flut,
Sie erben die Glut,
Und stumm schon hinter des Todes Türen
Werd ich noch tausend Frauen verführen.

Aber manchmal scheint dies alles so klein!
Denn hart vorüber am suchenden Blick
Laufen Straßen ins Land zurück.

Und Städte mit vielen Menschen sind
Irgendwo weit hinter Woge und Wind,
Und viele Frauen müssen dort sein,
Sanfte Frauen mit wiegendem Gang
Und heiße, von vielen Träumen ermattet,

Kinder, in deren Abendgesang
Ein erster fremder Gedanke schattet.
Alle
Haben mich nie gesehen,
Alle
Müßten erglühend vor mir stehen.
Der Gedanke verstört
Mein Glück, daß nicht alles mir gehört.
Ich will es nicht denken,
Daß Frauen sich auch an andre verschenken.
Ich wollte sie alle an meinen Händen,
Alle fühlen wie funkelnde Ringe,
Alle besitzen und alle verschwenden.
Ich möchte die Welt wie ein glühendes Weib
An meine verlangende Seele betten
Und ihren Leib
Mit den Flammen meiner zwei Arme umketten.
Alles, was lebt und lockt in den Dingen,
Möchte ich wie eine Frau bezwingen.

Doch was ich erfasse, es ist nur Teil.
Die Sehnsucht, der ewig glühende Pfeil,
Ob ich ihn rastlos ins Ferne versende,
Ewig schmettert sein Schwung am Ende
Bodenwärts
Und bohrt sich brennend ins eigene Herz.

Das Tal der Trauer

Cosi cominciando ad errare la mia fantasia
venni a quello, che non sapea dove io fossi;
e veder mi parea donne andare scapigliate,
piangendo per via, maravigliosamente tristi.
La vita nuova XXIII.

In einer Nacht, darin kein Licht sich rührte,
War mir, als ob ein fremder Ruf mich nannte
Und eine Hand mich jäh zu Fernen führte.

Auf Wegen ging ich, die mein Schritt nie kannte,
Und plötzlich, von der Schwärze Glanz bespiegelt,
Enthüllte sich mein dunkler Führer: *Dante!*

Ein Schweben war es, wie vom Wind beflügelt,
Durch Wolken, die sich bös wie Tiere packten,
Vorbei an Ländern, karg und hochgehügelt,

An Felsen, die zum Himmel mit den nackten
Armstümpfen griffen, und vorbei an Schroffen,
Die sich zu schreckhaft wilden Formen zackten.

Doch endlich stand ein fahles Tal uns offen,
Und als mein Blick durch seine Tiefe strebte,
Ward er von einem Rätselbild betroffen.

Ein heller Nebel, der von Höhlen bebte,
Floß quellend her in windbewegten Schichten,
Und staunend fühlte ich, daß alles lebte

In diesen Fluten, daß die lichten, dichten
Dunstschleier sich im Näherspülen teilten
Zu einem Schwarm von seltsamen Gesichten.

Denn Frauen waren dies, die flügelnd eilten,
Die nackten Arme tänzerisch erhoben.
Und wie sie lärmend auf uns näherpfeilten,

Sah ich den Sturm in ihren Gliedern toben,
Und wie die lohen Flammen ihrer Haare
Sie in ein rotes Feuernetz verwoben.

Und immer mehr aufströmten dieser Paare,
Herwerfend sich mit den verbuhlten Hüften,
Als glühe Wollust vieler tausend Jahre

In einer Stunde aus den rauhen Klüften,
Und wehte Lust aus allen Menschheitszeiten
In Rauch empor zu diesen grauen Lüften.

Doch manchen war ein ruhevolles Schreiten,
Sie gingen scheu, die Augen tränenblinkend,
Den Weg der wundersamen Traurigkeiten,

Manchmal aus breitgebauchten Krügen trinkend
Mit jener Gier, die auch die andern hatten,
Dann rücklings wieder in die Trauer sinkend,

Und in der Augen tiefgehöhlten Schatten
Glomm gleiches Licht, wie es den andern glühte;
Denn Schweigen schien sich hier dem Schrei zu gatten.

Und Lust und Schmerz, die rot' und dunkle Blüte
Flocht sich zu eins in aller Frauen Gesten –
Verzweiflung, die sich zu verschließen mühte,

Schlug durch die Glieder, die sich fiebrig preßten,
Und aus dem Jubel stiegen nicht die Schwingen,
Die leuchtend ruhen ob den reinen Festen.

Nur Taumel trieb mit unsichtbaren Klingen
Sie vorwärts. Und die trunkenen Mänaden
Waren wie jene, die in Wehmut gingen,

Von einem unnennbaren Leid beladen,
Leid, das ich ahnte, ohne es zu fassen. –
Doch immer heller quollen aus den Schwaden

Des Nebels weißgeschäumte Frauenmassen,
Und immer schneller wiegten ihre Tänze
Die Schmerzenswollust her an mein Erblassen.

Verloren war mir aller Sinne Grenze
Und jäh geschüttert zwischen Lust und Grauen
Vom tiefsten Tal bis an der Sterne Kränze,

Schrie ich empor: »Wer sind die nackten Frauen,
Mein Meister, Wandrer du durch alle Kreise
Der unbetretnen Welt?« – In seine Brauen

Schob eine Falte sich. In Priesterweise
Die Hände hebend, die dem Bösen wehren,
Sprach er, sich meinen Lippen neigend, leise:

»Dies sind die Frauen, die der Qual gehören
Und nicht der Gnade. Denn sie alle kannten
Im Leben nur die Wollust zu betören,

Und nicht zu lieben. Tausend Herzen brannten
Für ihren Leib, der nun in Brunst sich windet,
Denn Jener warf sie hin zu den Verbannten,

Dem sie der letzte Sinn des Lebens kündet.
Sie fachten Brände an, die sie nicht hatten,
Nun aber hat die Lust sie selbst entzündet,

Und peitscht sie fiebernd durch das Tal der Schatten.
Erbarmungslos, wie sie den andern waren,
Sind nun die Lüste, die sich ihnen gatten.

Ein Nesselfeuer glimmt von ihren Haaren
Und sengt mit Leidenschaft die nackten Lenden,
Daß sie wie toll in alle Winde fahren,

Doch keine Quelle kann da Kühlung spenden,
Wie sie in ihrer Qual zu hoffen meinten.
Und jene Krüge in den heißen Händen

Sind voll von Tränen. Die sie einstens weinten,
Waren so torenhaft in ihrem Sehnen,
Daß sie zu Füßen der Verdammten greinten.

Und in den Krügen glühn nun ihre Tränen,
Geschmolzen in der Liebe Bitternissen. –
Doch jene, die darin die Kühlung wähnen

Und nicht den Ratschluß ihres Richters wissen,
Beredet Durst, den Becher steil zu schlürfen,
Daß ärger nur, vom scharfen Salz zerrissen,

Die Lippen dorren und sich brennend schürfen.
Doch neue Hoffnung beugt sie zu dem Rande,
Von dem sie niemals Kühlung hoffen dürfen. –

So kettet eine unsichtbare Bande
Den Schmerz an Schmerz zu seiner Qualen Stillung,
Verkehrt den Trotz in Glut, den Stolz in Schande.

Die Not der andern ist für sie Erfüllung!
Sie alle, die zum Spiel die Liebe deuten,
Bestraft so Gott in deutsamer Verhüllung.« –

Die Stimme stieg, wie frommer Glocken Läuten …
Doch jene Frauen, die uns sprechen hörten
Und sich entflammt der fremden Männer freuten,

Stoben heran. Entblößte Glieder kehrten
Sich unsern zu, und in erwachtem Schauer
Empfand ich jäh, wie sehr sie uns begehrten.

Aufschrie die Wollust in der Müden Trauer,
Und selig baute sich aus den versehnten
Blinkenden Frauen eine weiße Mauer

Schimmernder Leiber, die sich lüstern dehnten.
Wie Rosenfeuer schoß das heiße Schwelen
Im Blute auf. Verwirrte Worte tränten

Von ihren Lippen, hoch in weißen Kehlen
Zuckte ein Krampf, mit heißen Lichtern flackte
Im Blick der jähe Wahnsinn ihrer Seelen.

Hart bis an uns her wellte warm der nackte
Strom ihrer Glieder, und an unsern fühlten
Wir ihrer Herzen zügellose Takte,

Fühlten die scharfen Düfte des verschwülten
Geflechtes ihrer Haare, leise Schlingen,
Die uns verwühlten und gefangen hielten.

Die Arme, rund gebeugt zu weißen Ringen,
Begannen uns betörend zu umschließen;
Mein Blut, aufhämmernd von so süßen Dingen,

Die ganz des Meisters Wort vergessen ließen,
Begehrte nur mehr, in die linden, lauen
Geströme sanft ersterbend hinzufließen.

Da schnitt wie Messer in das süße Grauen
Des Meisters Stimme ein: »Was flüchtet
Ihr nun zur Liebe, Ihr verruchten Frauen?

Ihr habt sie nie erkannt! Und nun beschwichtet
Kein Mitleid mehr den Aufruhr Eurer Lüste.
Ihr seid von Gott erkannt und seid gerichtet.

Und wenn auch dieser Eure Lippen küßte,
Und wenn ich selbst, vergessend meiner Würde,
Hintaumelte ans Bette Eurer Brüste,

So wißt, daß auch die Lust zur Qual Euch würde.
Drum geht und trinkt die Tränen der Betrübten,
Denn kein Verzeihen lindert Eure Bürde!« –

Der herbe Ruf erschreckte die Verliebten,
Denn wie aus hohen Himmeln stürzend scholl er
Zu ihnen hin, daß sie in Angst zerstiebten.

Die einen tanzten nur noch taumeltoller,
Verzweiflung war ihr lüstern Händespreiten,
Die andern aber faßten wehmutsvoller

Den Krug der wundersamen Traurigkeiten.
Und wieder schleierhaft zur Ferne schwebend,
Verflossen ihre Formen in die Weiten.

Nur eine blieb und sagte zornerbebend:
»Bist du nicht jener Florentiner Dante,
In Trotz und Trauer nur den Fernen lebend,

Seit dich die Stadt aus ihrem Schoß verbannte?
Und war ein Mädchen nicht dereinst dir teuer,
Die Beatrice hieß und die ich kannte

In jener Welt der süßen Abenteuer?
Ich weiß: in reinern Höhen ist nun diese,
Die früh verstarb, und mattes Sternenfeuer

Wiegt silbern sich auf ihrer Haare Vliese.
Zu Gottes Antlitz ist sie hingewendet,
Den Engeln schwisterlich im Paradiese.

Doch ob du dich auch ganz an sie verschwendet,
Was schmähst du uns? Kannst du das Schicksal wissen,
Ein Leben richten, eh es sich vollendet?

Das Leben ist ein Weg im Ungewissen,
Und Gott allein das All der Möglichkeiten.
Sie starb. Allein sie hat nicht sterben müssen.

Sie konnte blühn zu linden Lieblichkeiten,
Und bald genaht wär ihren Kindergliedern
Die süße Not der ersten Werdezeiten.

Nichts wußte sie auf Liebe zu erwidern,
Als sie dich sah. Doch wer kann dir es sagen,
Ob sie, die noch mit halbverschloßnen Lidern

Vom Leben ging, in fraulich reifen Tagen
Nicht dich und deine Glut mißachtet hätte?
Ob sie dich je geliebt, wer kann sie fragen,

Die nun schon wandelt an der Gnaden Stätte?
Vielleicht um ihrer Weigrung willen wäre
Sie hier mit uns geschweißt an eine Kette,

Den Brand im Blute, taumelnd durch die Leere
Verschneiter Nacht, geschreckt vom Feuerscheine
Der gleichen Glut, in der ich mich verzehre.

Und ihr Begehren, wär es nicht das deine,
Dein Schmerz nicht ihre Buße? Vielleicht stände
Sie lüstern vor dir, sie, die Unschuldreine,

Und fiebernd krampften die geliebten Hände
Den bittern Krug, gefüllt mit deinen Tränen?« –
So höhnte jene. Und in jäher Wende

Warf sie sich hoch. Die roten Strähnen
Peitschten die beiden nackten Frauenbrüste,
Ein Lachen quoll ihr höhnisch aus den Zähnen.

Hinwinkend, als ob jener folgen müßte,
Hob sie den Blick. Und wie im Sturme raste
Sie in den Qualm der anderen Gelüste. –

Ich sah auf Dante, wie er erst erblaßte
Und, hart getroffen von dem Speer der Lüge,
Aufstöhnend nach dem lauten Herzen faßte.

Dann aber hellte Lächeln seine Züge,
Und aufwärtsschwebend, als ob durch die Räume
Dies Lächeln ihn zu Beatricen trüge,

Ließ er mich einsam in dem Tal der Träume.

Sinnende Stunde

Sinnende Stunde

In dem dunklen Spiel der Bilder
Spiegelst du dein Leben jung,
Und es scheint dir sanft und milder,
Schattend als Erinnerung.

All die Stunden, die ins Ferne
Einst vergingen, werden wach.
Nie begehrte nahe Sterne
Funkeln jäh in dein Gemach.

Taten träumst du an der Schwelle,
Frauen, die du nie ersiegt,
Bis der Wehmut weiche Welle
Dich in ihren Armen wiegt.

Verträumte Tage

Tage, die ich voll verträumte –
Oh, du von Erinnerung
Zart beschwingte, sanft umsäumte
Schar der frühen Dämmerung! –

Warum schwebt ihr wieder gleitend
Nahe an mein Leben hin,
Meine Stunden neu verleitend
Wolkig mit euch hinzuziehn?

Ist denn wirklich Traum das Leben,
Sinnen süßer als das Schaun?
Soll ich wieder mich dem Schweben
Eurer Schwingen anvertraun?

Dunkel sich zu Bildern bauschend
Kreisen mich die Träume ein,
Blind betörend, süß berauschend
Lockt ihr dämmernd Nahesein.

Und ich fühle: ein Ermatten
Macht mich ihrem Mahnen schwach;
Willenlos, ein dumpfer Schatten
Irrt mein Tag den Träumen nach.

Entkettung

Der Ring der Dinge, dem du eingesponnen,
Verarmt dich nur, wenn er dich ganz bewältigt.
Erst wenn du seiner nahen Kraft entronnen,
Fühlst du den Blick in dich verhundertfältigt,
Denn aus den Bächen deines Blutes steigen,
Die Bilder spiegelnd, die rings um dich sind,
Was dich betastet, war dir längst schon eigen,
Und alles bist du: Blüte, Baum und Wind,
Bist Feld und Welt, entgrenzt dem Rand des Raumes
Zu Weg und Wolke deines Schöpfertraumes,
Bist Melodie, die in sich selber ruht,
Traumhaft vertieft in ihr beseeltes Schweigen,
Und Einsamkeit ballt aus der dumpfen Glut
Die goldnen Funken, die zu Sternen steigen.

Die Frage

Der Abend, der sich in die Nacht verblutet,
Rührt deine Seele stets mit gleicher Frage,
Denn täglich wehst du mit dem toten Tage
Ins Dunkel weiter, das die Welt umflutet,

Bist eingefangen in dem stummen Ringe,
Ein flackernd Licht im kalten Sternenraume,
Und spürst nur, horchend aus verwirrtem Traume
Die nahe Flut der unnennbaren Dinge.

Nimmst du ein einzeln Ding aus deinem Leben
Und wiegst es prüfend in der hohlen Hand,
Du fühlst darin das große Dunkel beben,

Und jedes ist zu neuen Wundern Welle,
Und fast schon nahe jenem letzten Strand,
Doch Weg ist alles: keines ist die Schwelle.

Die Wolken

Vom Glanz des Mittags golden angeglüht
Lieg ich im Gras. Ich bin so wohlig müd.

Ein Schweigen flimmert. Warmen Atems ruht
Das Leben aus. Nur hoch in blauer Flut

Gehn Wolken hin, das einzig noch Bewegte
Der schwülen Welt, die sich zum Schlafe legte.

Gehn Wolken hin … Ich seh die linden leisen
Gestalten leichtbeschwingt wie Träume reisen.

So weiß sind sie, so lächelnd aller Schwere,
Daß ich zutiefst so leises Glück begehre.

Du erste, träumerisch und mädchenzart,
Dir geb ich meine Sehnsucht auf die Fahrt,

Und dir, du zweite, mit den hellen schnellen
Armen dich stoßend durch die blauen Wellen,

Nimm die Erinnerung! Die kettet an
Die Welt mein Herz. Du weißer wilder Schwan

Schaust auch die Welt, doch deine Schwingen spüren
Die Dinge nicht, die sie im Flug berühren.

Und du mit dem demantenen Geleucht
Nimm diese Träume, noch von Tränen feucht!

Du Dunkle aber, wandernd ohne Ziel
Verliebten Winds unwilliges Gespiel,

Du nimm mein Leid an deine vollen Brüste
Und wieg es weiter! Ferne winkt die Küste

Des Abends schon wie dunkelblaue Seide. –
Ihr Wolken, weißes wehendes Geschmeide,

Wie rasch ihr geht! Mit lauen Händen streicht
Der Wind euch weiter. Und mein Herz wird leicht.

Was Unrast noch in meinem Blute war,
Weht weit im Wind wie loses Frauenhaar.

Was sehnte ich? Ich seh die Wolken wehn,
Ihr Lächeln friedsam auf mich niedersehn.

Nichts will ich mehr … Der letzte Wunsch entglitt.
Nichts hält mich mehr … Ich reise träumend mit.

Das singende Blut

Im flutenden Dunkel, halb erwacht
Und halb mit träumenden Sinnen,
Hör ich mein Blut durch die Mitternacht
Mit kristallenem Singen rinnen:

»Was bist du? Ein verdorrter Schaft,
Den ich mit Geist durchglute.
Mich zeugt der Erde tiefste Kraft,
Das Dunkel, dem ich mich entrafft,
Zu dem ich heimwärts flute.

Ein Lebenswille reißt mich los.
Durch schwindende Gestalten
Ström ich zurück zum Mutterschoß.
Mein Weg ist lang. Dich streift er bloß
Du kannst mich nicht behalten.

Der Becher, der dein Leben hält,
Ist ganz dem Dunkel zu eigen,
Mit jedem Atem, der zittert und wellt,
Löst sich ein Tropfen, splittert und fällt
Zurück in das ewige Schweigen.«

Das Blut erklingt, und die Stimme singt
Mich ein in purpurnen Traum,
Und die schwarze Welle des Schlafes trinkt
Sie auf in Dunkel und Raum.

Steigender Rauch

Träumerisch ins Abendwerden
Lehnt sich langsam Haus um Haus,
Asche dunkelt auf den Herden
Und löscht letztes Glühen aus.

Alles sinkt in Nacht zusammen,
Nur von stillen Dächern bebt
Noch ein Mahnen an die Flammen,
Rauch, der steil zur Höhe strebt.

Seiner Glut nicht mehr gehörend
Und von ihr doch hochgewellt,
Sich in seinem Flug verzehrend
Und schon Wolken beigesellt,

Eine weiße wunderbare
Schwebe ohne Schwergewicht,
Steigt er langsam in das klare
Ruhevolle Sternenlicht. –

Ist nicht, was ich dumpf begehrte,
Seines Wesens tiefster Sinn,
Daß ich mich in Gluten klärte
Und befreit zu Sternen hin,

Aus dem Dunkel in die Helle,
Schlacke nicht und nicht mehr Glut,
Heimwärts wehte in die Welle
Uferloser Lebensflut?

Neue Fahrten

Hymnus an die Reise

Schienen, die blauen Adern aus Eisen,
Durchrinnen die Welt, ein rauschendes Netz.
Herz, rinn mit ihnen! Raff auf dich, zu reisen,
Im Flug nur entfliehst du Gewalt und Gesetz.

Im Flug nur entfliehst du der eigenen Schwere,
Die dir dein Wesen umschränkt und erdrückt.
Wirf dich ins Weite, wirf dich ins Leere,
Nur Ferne gewinnt dich dir selber zurück!

Sieh! bloß ein Ruck, und schon rauscht es von Flügeln,
Für dich braust eine eherne Brust,
Heimat stürzt rücklings mit Hängen und Hügeln
Ein Neues, es wird dir neuselig bewußt.

Die Grenzen zerklirren, die gläsernen Stäbe,
Sprachen, die fremden, sie eint dir der Geist
Unendlicher Einheit, da er die Schwebe
Der vierzehn Völker Europas umkreist.

Und in dem Hinschwung von Ferne zu Fernen
Wächst dir die Seele, verklärt sich der Blick,
So wie die Welt im Tanz zwischen Sternen
Schwingend ausruht in großer Musik.

Belfried in Flandern

Einst war er Wächter über Unbegrenztes:
Das Meer klang her und wusch der Stadt die Füße,
Und nächtens, sternhaft zwischen Sternen glänzte
Sein Blick den Fahrenden Europas erste Grüße.
Mit hundert Schiffen, Mast an Masten, starrte
Der Hafen wie ein weißer Wald zu ihm hinauf,
Sie brachten Ferne mit von vielen Fahrten,
Und nach den Schlachten stellten sie Standarten
Als bunte Flammen rund um seinen Knauf.
Dann reckte er, ganz mit Triumph behangen,
Die Stirne höher in den Sturm hinein,
Und seine aufgelösten Glocken klangen,
Als hätte hundert Münder jeder Stein,
Und schriee jeder nur, die Stadt zu loben,
Die unten nebelte, gegürtet und bewehrt: –
Er aber stieß mit seinem Stolz nach oben
Und riß die Himmel auf als ein granitnes Schwert.

Doch stumm umkreisten seine Rast die Jahre,
Und jedes Jahr ebbte der Strand zurück,
Bald konnten Schiffe nicht mehr ihn umfahren
Und seine Häfen, die voll Wellen waren,
Erstarrten seicht und wurden Schlamm und Schlick.
Von immer ferner blinkerten die Segel,
Die einst an seinen Knien ausgeruht,

Und waren bald nur mehr wie weiße Vögel,
Ein Strich, ein Hauch am Horizont der Flut.
Das Land brach vor, der Sand wuchs auf zu Dünen,
Die Dünen wölbten sich zu runden weichen Deich
Vergebens warf sein Schatten sich zu ihnen,
Die Flut, die ungetreue, zu erreichen,
Vergebens donnerte die braune Kehle
Der Glocken, streckten die Kanäle
Die Arme aus nach dem verlornen Meer –
Die Schiffe, seine Kinder, blieben ferne,
Und zwischen großen Wolken und den kleinen Straßen,
Die mählich ihren Sinn und Glanz vergaßen,
Blieb einzig groß und unverändert: Er.

Und immer ragender, je mehr sich jene mindern,
Und immer größer in der kleinen Zeit
Steht er, ein Held im Harnisch, zwischen Bettelkindern
Nun ob dem Klüngel ihrer Ärmlichkeit.
Verächtlich blickt, der einst zum Kampf gerufen,
An all dem Krämerpack vor seinen Stufen
Mit einem ungeheuren Blick vorbei,
Und muß doch dulden, daß genüber auf dem Platze
Die Bürger, die beim Sonntagsbiere schmatzen,
Sich eitel sonnen unter seinem Glockenspiel.
Gehorsam muß er diesen Sklavenseelen
Den Rosenkranz der Stunden in die Finger zählen
Und bis ins Spülicht ihres Schlafs hinein
Die Uhr in die verhangnen Fenstern schrei'n. –

Allein dann ist ein Grimm in seinem Rufen,
Und wenn er mit dem erzgewohnten Munde
Die Stunde hallt und ihre Melodie,
Reißt er sie hoch aus der verflachten Runde,
Als spräch' er nur zu Gott und nicht für sie.
Aber manchmal bei Nacht,
Wenn, ein Meer überm Meere, Springsturm herweht,
Wenn der Blitz zornwütig das Dunkel durchrennt
Und Donner ihm nach in die Tiefe kracht,
Dann drücken
Die kleinen Bürger sich feig und erschrocken
In ihre Betten zu blassem Gebet,
Und die Häuser kriechen folgsam und stumm
Wie niedergeschreckte verschüchterte Glucken
Nassen Gefieders um ihn herum.
Er aber steht
Von Wolken umflogen, vom Donner umdröhnt,
Von Blitzen und springendem Lichte gekrönt
Ein steinerner Baum, eine quaderne Wacht
In hochgemauerter Majestät.
An seinem Trotz zerschellen die gellen
Bisse des Sturmes, die ihn umbellen,
Und die Blitze, die ihn zackig umschnellen,
Zeigen nur wieder, wie stolz er aufragt. –
Dann kommt über ihn sein altes Frohlocken,
Und Sturm im Sturme, läßt er metallen
Seinen Kampfruf wider den Himmel hallen.
Und noch einmal schreit der Stolz seiner Glocken

Donnergebot weit über das Land,
Als wollt er das Meer, das ferne, beschwören,
Es solle kehren und rückwärts wallen
Zu seinen Füßen, zum alten Strand,
Und als müßten ihn bis in die Gräberhallen
Die Könige hören, von einst ihm Vasallen,
Und aufstehn an seiner steinernen Hand.

Taj Mahal

Grabdenkmal Muntaz Mahals in Delhi

Im Teiche, wo klarspiegelnd und genau
Die weißen Formen sich als Bild verkleinern,
Scheint er ein Spielzeug. Zart und elfenbeinern,
Wie unter mattem Glas liegt er zur Schau;
(Man hätte beinah Furcht, ihn zu zerbrechen).

Und dann ein Blick: Und sieh, es ist ein Bau!
Aufragend, blendend, makellos und steinern
Steigt er empor, löst blinkend seine Flächen
Vom Blättergrün und steigt in immer reinern
Bewegungen empor ins blanke Blau,

Auf, auf ins Licht, und strahlt im Sonnenfunkeln,
Als atmeten aus seiner Brust noch jene
Vergangnen Herzen in der kühlen Krypte
(Der große Fürst und die geliebte Frau).

Doch abends scheint er Traum. Wie eine Träne,
Die marmorn wurde, glänzt er in das Dunkel
Den Schmerz um die entschwundene Geliebte.

Zwei Morgenlieder

Bozener Berge

I

Nun tritt ganz sacht aus dem Dunkel heraus.
Die Türen sind blind und verschlossen,
Aber schon hat sich von Haus zu Haus
Das Leuchten der Frühe ergossen.

Im kühlen Hauche des Morgens quillt
Der Atem der werdenden Dinge,
Und linde löst sich der Ferne Bild
Wie ein Glanz von der Nebelschwinge.

Und alles fühlst du nun groß und rein
Wie den Himmel an heiligen Tagen,
Viel fromme Worte fallen dir ein,
Doch du mußt sie Gott nichts erst sagen;

Du brauchst nur dein rauschendes Herz hinein
In den lauschenden Morgen zu tragen.

II

Wie ich doch den Hauch der Frühe
Selig an den Lippen fühle!
Von den Wiesen weht der kühle
Duft mir Blumen an den Mund.

Berge reißen sich die schweren
Hüllen nieder, morgenhelle
Bäche spiegeln in der Welle
Einen Himmel klar wie sie.

Noch ist Sonne nicht im Tale,
Doch schon ahnt man ihre Nähe.
Wie ich in die Ferne spähe,
Blitzt ihr Blick schon auf dem Grat.

Über die noch stummen Weiten
Wirft sie leuchtend ihre Lanze,
Blut entflammt sich. Rings die ganze
Landschaft glüht in einem Brand.

Eine Kirche fühlt das Feuer
Auf dem Dache. Ihre Glocken
Werden glühend und frohlocken,
Und mein Herz klingt auf mit ihr.

Alpenglühen am Zürichsee

Wer rief dies Bild, das plötzlich in den Rahmen
Des Fensters mit dem goldnen Winde glitt?
Still ruft's mich an. Und schon weiß ich den Namen:
Es ist der Herbst und meint auch Abschied mit.

Die Berge, die tagsüber Himmel waren,
Wie glühn sie nah im abgeteilten Licht!
Oh hier wie immer fühlt man: in dem Klaren
Ist schon ein Teil Vergängnis und Verzicht,

Und fühlt, es wäre gut, noch einmal leiser
Als sonst den Vesperweg talab zu gehn,
Eh' sich die Abende im Herbst verfrühen,

Und eh es dunkelt noch aus all den Häusern,
Die westwärts Feuer aus den Fenstern sprühen,
Sich Sommersonne in das Herz zu sehn.

Der verlorene Himmel

Elegie der Heimkehr

Wohin entschwand, der mich noch gestern bestrahlte,
Der rauschende Himmel? Ein Meer, unendlich, umspülte
Er liebend und blau die zackigen Ränder der Erde,
Winde durchfurchten ihn sanft, und lächelnde Wolken
Hellten den ruhenden Ernst zu freundlichem Gruß.
Sterne entblühten ihm nachts wie weiße Zyklamen,
Und der Mond, der uralte Quell aller Träume,
Goß mir kühl aus silbern gebogener Schale
Tröstung ins Herz. Wann immer der Blick, der verwirrte,
Müde des Lands und heiß vom Antlitz der Menschen
Auf zu ihm stieg, ward er begütigt empfangen:
Ewigkeit glänzte ihn an und küßte die Klage,
Die kleinliche, zärtlich fort von dem brennenden Lid.
Selig war ich. Ich glühte, ich blühte nach oben,
Aus allen Wurzeln hob ich mich hoch und verrankte
Unrast und Gier in sein beruhigtes Blau,
Lustvoll spannt' ich mich aus und, selber ein Himmel,
Wölbte sich mir mit heiligen Zeichen die Brust.

Hier, wo ist er, der große, unendlich entspannte?
Zerbrochen hat ihn die Stadt, den Spiegel der Zeiten;
Scherben, zerschellt am gelben Steinbruch der Straßen,
Blinken nur nieder, umdüstert vom Qualm der Fabriken,
Gassen fenstern ihn eng zu grauen Quadraten,

Plätze schleifen ihn rund und, riesige Schrauben,
Bohren die Schorne den wölbigen flach an die Dächer.
Die Sterne ersticken im Dunst, und selten nur eilen
Wolken leichtfüßig durch seinen trüben Morast.
Lehmige Flut, gedämmt vom Felssturz der Straßen,
Schleppt er sich hin, und die aufwärts spähenden Blicke,
Rein sich zu baden an seiner einstigen Reinheit,
Stürzen enttäuscht zurück in das ratlose Herz.
Wem hier vertrauen, wem sich aufglühend hingeben,
Da er verdunkelt, der ewige Blick aller Blicke,
Wen frag' ich an? Mit grellgeschminkten Plakaten
Grinsen die Wände, kreischende Lichtbilder hämmern
Sinnlose Worte wie Nägel mir tief im Gedächtnis,
Blicke brennen, Rufe harpunen nach mir.
Alles ist Schrei hier und keiner, mich schweigend zu
hören,
Keiner mein Freund. Fieber sind mir die Tage
Ohne den Himmel und dumpf die Stunden der Nacht
ohne ihn.

Oh wie schlief ich in seiner unendlichen Wiege!
Weich umhüllte mich Traum, und Summen von Bienen
Bestickte golden die leise tönende Stille,
Winde wiegten mich ein, die Blumen enthauchten
Weihrauch von Duft und machten die Sinne mir fromm.
Atmen hört ich das Land, und die wogenden Brüste
Der Wälder hoben und senkten sich sacht wie die meine.
Nieder fühlt ich mich gleiten vom niederen Strande

Des Tags in tiefere Welt, und waches Besinnen
Löste sich sanft in die freundlich dunkelnde Flut.
Schwärzlich war ich umfangen. Doch unten am Grunde
Glänzten bunt und geschart die Kiesel der Träume,
Arglos nahm ich sie auf, ich rollte die hellen
Und dunkeln in eins, beseligt im kindlichen Spiele,
Bis wieder das Frührot, sanfter Berührung,
Aus den Fingern die leise glitzernden nahm.
Hier, hier stürz ich hinab! Ein eiserner Sarg,
Umpreßt mich der Schlaf. Über ihn poltern noch schwere
Schollen von Lärm, mit klirrendem Spatenwurf schaufelt
Mich die fühllose Stadt in den Acker der vielen,
Die hier unter dem irren Kreuzgang der Straßen
Frierenden Blutes daliegen, tot und doch wach.

Immer wühlen noch Stimmen mir nach, und die Häuser
Drücken mir schmerzend mit ihren Steinen die Brust.
Nie verlösch' ich hier ganz. Von Worten und Schreien
Zuckt noch Nachhall in mir, das Kreischen der Schienen
Quert meinen Schlaf, die donnernde Brandung der Wogen
Gischtet ihn an, das wüste Grölen der Trunk'nen,
Röcheln der Kranken, die keuchende Gier der Verliebten,
Angst und Erregung aller, die jetzt noch wach sind,
Sickert in mich und trübt mein dämmerndes Blut.
Auf hohen Türmen hocken schlaflos die Stunden
Und schlagen mit Glocken nach mir. All meine Träume
Dünsten noch Tag und haben die gierigen Blicke

Der Dirnen, die meinen Heimweg abends umstellten,
Angst und Qual von nie gekannten Gelüsten,
Denn viele sind wach noch in mir, indes ich daliege,
Und durch mein Herz stampfen unzählige Schritte,
Fremdes frißt sich mir an, und fremde Geschicke
Nisten sich frech in meinen schauernden Schlaf.
Wann, wann hör' ich mich selber, wann tönt der
Seele Musik von hohen Himmel zurück?

Oh ich fühl's, mit ihm, dem selig erhob'nen,
Verlor ich mich selbst. Und mein Herz, das verwirrte,
Schlägt hier nicht eigene Stunde der Brust, sondern
hämmert,
Fremd schon sich selbst, den rasenden Rhythmus der
Stadt.

Ein paar Verse

Die ferne Landschaft

Sie ist nur Traum, von mir als Kind einmal
Vielleicht geträumt, vielleicht sogar erlebt
Auf einer Reise, die ich längst vergaß,

Doch blinkt ihr Bild, als hätte scharfer Strahl
Es losgeschnitten von dem Hintergrund
Der Nacht, nun so in mir: Ein helles Tal,

Das jäh hinabstürzt von der Berge Rund,
Wie wenn es von dem Flusse trinken wollt,
Der lärmend gegen Felsen schmettert und

Dann in die Ferne glitzernd weiterrollt,
Wo reifer Trauben überschattet Blau
Sanft niederfließt in breites Ackergold. –

Das Bild ist treu. Ich sehe ganz genau
Aus jedem Traum dieselben Dächer, schräg
Und sonnenwarm, aufatmend fühl ich lau

Des Südens Luft, ich höre von dem Steg
Die Wasser schäumen und seh immer dann
Nach beiden Seiten einen weißen Weg.

Und immer neu rührt mich die Frage an
Ob ich schon diesen Weg gegangen bin
In Leben oder Traum und wo und wann,

Den weißen Weg, der scheu und zögernd in
Den Rauch der Felsen führt und sanft ins Tal
– Ich weiß es nicht, woher, und nicht, wohin –

Und der doch funkelnder als ein Opal
Durch meine Nächte glänzt und bis zum Rand
Sie voll mit Sehnsucht füllt, ein einzig Mal

Auf diesem Weg zu pilgern in ein Land,
Das hinter allen Träumen liegt, so weit
Und wolkenfroh, so fremd und so bekannt,

Als sei es meine eigne Kinderzeit.

Singende Fontäne

Blauer Blick des Mondenscheines
Kühlte meines Zimmers Wand;
Da hört ich die Stimme eines,
Der im Dunkel unten stand.

Und wie ich die Scheibe staunend
Zu dem Garten niederbog,
War es Singen, süß und raunend,
Das zu mir ans Fenster flog.

Keinen sah ich. Nur im Dunkeln
Blinkte das erhellte Spiel
Der Fontäne, die mit Funkeln
In die Stille niederfiel.

Unruhvoll und doch beständig
Schien das silberne Getön
Wie ein lautes Herz lebendig
Durch die Brust der Nacht zu gehn.

Und ich fragte: »Warum rauschst du
Heute mir zum erstenmal?« –
Und ich horchte: »Warum lauschst du
Heute mir zum erstenmal?

In das heiße Gold der Tage,
Stumm im Steigen, Lied im Fall,
Durch den Samt der Nächte trage
Stet ich den erregten Schwall

Meiner eignen Überfülle,
Und du, der mir nahe ruhst,
Wirst erst durch den Gruß der Stille
Unsrer Brüderschaft bewußt?

Hast du nie denn an der Schwelle
Des Erwachens wirr gefühlt,
Daß dir eine lautre Welle
Nächtens durch dein Herz gespült,

Daß mein Singen dich durchwebte
Und im Schlafe aufwärts schwoll,
Bis es Blut im Blute lebte
Und an deine Lippen quoll,

Bis als Lied der eingeengte
Schauer einer fremden Lust,
Die ein Traum in dich versenkte,
Wild aufbrach aus deiner Brust?

So in dein Geschick verflechte
Ich mir meines Lebens Spur,
Und bin doch im Kreis der Mächte
Eine leise Stimme nur.

Eines von den stummen Dingen,
Die dein Wesen zauberhaft
Und geheimnisvoll durchdringen
Und von deren steter Kraft

Nur verloren-leise Kunde,
Manchmal deine Seele faßt,
Wenn du dich hinab zum Grunde
Eines Traums getastet hast.« –

Immer ferner schien der Schimmer,
Immer dunkler Wort und Sinn,
Doch mein Herz lauschte noch immer
Nach der weißen Stimme hin,

Die vom Garten, bald wie Trauer,
Bald wie Lächeln, wundersam
Über Bäume, Busch und Mauer
Schwebend an mein Lager kam,

Und an meine Brust sich schmiegend
Ihrer Worte Wiege schwang,
Bis ich schon in Schlummer liegend
Glanz nur fühlte und Gesang.

Herbstsonett

Die Tage stiegen längst die goldne Leiter
Des Sommers nieder. Spätglanz wärmt das Land.
Die Schatten wachsen früh und fallen breiter
Von allen Bäumen in des Abends Hand.

Im Laube glänzt noch, wie vom Wind verschlagen,
Manch reife Frucht. Der Felder Brust liegt bloß,
Und Wolken, die sich westwärts überjagen,
Machen den Himmel ernst und ruhelos.

Über die Wälder, die sich rasch entblättern,
Zittert schon unrastvoll der Schwalben Flug.
Und all dies mahnt: Nun sei dem Herbst bereit.

Beugst du dich morgen zu der Landschaft Buch,
So blinkt vielleicht schon aus den bunten Lettern
Des Lebens liebstes Wort: Vergänglichkeit.

Wie die Schwalbe …

Wie die Schwalbe mit silberner Schwinge
Über die schläfernden Wasser blitzt
Und in ihr Blinken zitternde Ringe
Mit dem dürstenden Schnabel ritzt,
Fließende Spuren, die nicht verwunden,
Leise nur rühren, leise erschüttern –
Ach, so neigen und nahen sich
In meine einsam dunkelnden Stunden
Stille Gedanken, du Ferne, an dich.

Zart umgoldet von heimlicher Glut,
Schwalben der Sehnsucht, mir Tröstung zu bringen,
Streifen sie scheu mit zaghaften Schwingen
An mein Herz, das stilldunkel ruht.
Selig fühl ich sie nieder sich senken
Lust und Wehmut durchschauert mich,

Und ich zittre in süßem Gedenken,
Liebste, an dich.

Ein paar Verse …

Ein paar Verse zum Erwachen,
Liebste, nimm in deinen Tag!
Eine Frohe froh zu machen,
Sei, was sie entschulden mag,

Daß sie sich so ernst bemühen
Und so voll gemessen sind,
Statt zu flammen, statt zu glühen,
Statt zu flackern wie ein Wind,

Statt dich brennend zu umfangen,
Bis du, Liebe, Herz und Hand,
Stirn und Lippen, Brust und Wangen
Loderst in beseeltem Brand.

Bäume im Frühling

Wie die Bäume rings doch den blauen
Himmel mit ihren Kronen verbauen,
Diese rauschenden Wolken von Grün!
Und dies Funkeln, dies weiße, dazwischen,
Sind das noch Sterne oder die frischen
Blüten schon, die aus dem Dunkel sprühn?

Die dem Himmel die Lippen jetzt reichen,
Sind sie denn wirklich die bleichen, die gleichen
Aus dem einsamen Winterjahr,
Die wir oft voll Sehnsucht besahen,
Ob an ihrem Stamm nicht das Nahen
Des Frühlings endlich zu sehen war?

Trostlos und tot, ein leeres Gerüste,
Standen sie immer. Und die jetzt die Brüste
Atmend wiegen im schmeichelnden Wind,
Sind es wirklich die gleichen, dieselben,
Denen im Herbst die bleichen, die gelben
Blätter wie Tränen entsunken sind?

Mädchen vor dem Bildnis einer Bacchantin

Wie sie sorglos vor die weiße
Büste der Bacchantin kam
Und sie den im Stein noch heißen
Nackten Körper ohne Scham

Jedem wild entgegenreichen
Sah, da fühlte schaudernd sie
Aus dem Herzen ein Erbleichen.
Leise zitterte ihr Knie

Und ließ kraftlos die Erblaßte
An dem Bilde, dessen Schrei
Unzähmbarer Gier sie haßte
Und doch fühlte, nicht vorbei.

Aber dann, in den Gebärden,
Wie sie sich dem Bilde bot,
War ein jähes Ähnlichwerden:
Beide stumm und keine tot

Schienen wie aus Spiegelflächen
Über eine Welt sich nah,
Nur ein Gleiches auszusprechen. –
Marmorn stand das Mädchen da,

Bis dann wieder die entfärbte
Wange voll mit Blut sich sog,
Lächeln wirr die schmalgekerbte
Feine Lippe überflog.

Aus den scheu verhängten Lidern
Brach von Trunkenheit ein Glanz,
Und der Gang in ihren Gliedern
Zuckte leise wie zum Tanz.

Abendliche Flucht

Kennst du das,
Wenn plötzlich – du sitzt bei Schreiben und Sinnen –
Die Wände raunend zusammenrinnen?
Irgendetwas
Steht auf und rührt sich in deinem Haus,
Aus den Fenstern starrts, aus den Stühlen sprichts,
Es knarrt auf den Dielen, es blinkert im Glas,
Nichts
Fühlst du als seine Gegenwart.
Und immer enger dringts auf dich ein,
Du fühlst dich umstrickt, du spürst dich umschart.
Und du rufst: es ist deine Stimme nicht.
Was du denkst, ist fremd in dich eingetan,
Fremd starrt dich dein Antlitz im Spiegel an,
Und du schauerst, du weißt nicht mehr, wer du bist,
Nichts ist mehr dein, fremd droht dir das Haus, –
Schatten hält dich umschränkt und beengt,
Bis du, ein Dieb, dir selber entfliehst
Die Treppen hinab, in die Straße hinaus,
Die dich, urbrüderlich Wesen, empfängt
Und wollüstig in ihren Wirbel schwenkt.

Und erst dort, im Gischt ein schwankender Stein,
Fühlst du Rast wieder, Stille und Einsamsein.

Schwüler Abend

Ist es schon Abend? Ich will nicht hinaus,
Vergeblich flimmert ihr, ihr buhlerischen Sterne!
Faß mich doch enger, du vertrautes Haus,
Reiß mich an dich, gib mich nicht an die Ferne!
Lieg nicht so träg, so stumm, so atemlos,
Sprich jetzt zu mir! Ich brauche einen,
Der zu mir spricht in dieser Zwielichtstunde,
Hörst du: ich brauche einen, sei es bloß
Das Ticken deiner Uhr, ein Kinderweinen,
Das Knurren nur von einem nahen Hunde,
Nur nicht dies fröstelnde Verlassenscheinen,
Nur etwas, was das drohende Gewicht
Der ganz verstummten Stube von mir hält,
Und daß des Herzens Hammer nicht
So ohne Antwort in die Stille fällt!

Haus, halt mich fest! Zu viel
Von meinen Nächten hab ich hingegeben
An dieses sinnlich aufgepeitschte Spiel.
Wie bin ich müd, die abenteuerlich
Erregte Luft, die lichterlose Schwüle
Der stummen Gassen an mein Kleid, an mich,
Und endlich flackernd in mir selbst zu fühlen.
Schließ du mich, Buch, in deine dunklen Zeilen,
Senkt, Briefe, ihr dies In-die-Ferne-streben

In lieber Menschen Bild, in eine Frau,
Beschwichtigt ihr das nun vom Abend lau
Aufschwülend unerklärliche Verlangen,

Des Blutes Unruh in die Nacht zu jagen!
Dies willenlose Durch-die-Gassen-treiben,
Ob mich nicht etwas aus dem Dunkel will,
Dies lüstern Spähn, dies angespannte Hangen
An jeder mattbeglänzten Fensterscheibe –
Wird dieses knabenhaft verworrne Treiben
Denn noch nicht in mir still?

Nein, halt mich, Haus! Verschließ mit dunklen Scheiben
All meine Unrast: und ich bleibe dein.
Ich selbst will ja den Abend so, nur so,
Wie er den andern ist: ein Müdesein.
Nur so,
Als sinke mit den schwindenden Kulissen
Ein buntes Spiel in bilderlose Räume.
Nicht will ich mehr. Vielleicht noch irgendwo
Freund oder Frau, ein mir Vertrautes wissen, –
Und dann nur Träume, bilderlose Träume.

Wie nahmst du …

Wie nahmst du, Einsamkeit, geliebte, an mir Rache,
Daß ich dem kindgewohnten Schweigen mich entwandte,
Der Welt vertrauend, allzuvielen mich vertraute,

Bis mehr denn einst an Stille ich am Wort entbrannte
Und, willenlos zerrieben, – weh mir Schwachen! –
Mich hingab jenem Schwarm, des mir einst wissend
graute!

Oh, blasse Flut des menschlich allzuwohl Bekannten,
Die du mich fügsam mitreißt in das Ewig-Laute,
Darin die Seele müßig strandet und versandet,

Gib frei mich, frei!
Der scharfe Schaum von Schwatz und Lachen
Laugt schon das Letzte meines tiefgeheimen Lebens
Vorzeit empor; nur kalte Asche bin ich, ausgebrannte,

Zerschmatzte Süße, schale, ausgespieene Sache,
Plappernde Lippe eines, den das Wort entmannte,
Und die noch einmal zum Gebet sich krümmt. –
Vergebens!

Zerredet ist mein Herz! Oh wehe, weh mir Schwachen!

Indischer Spruch

Zwischen Weinen, Lust und Lachen
Sind wir willenlos gestellt,
Träumend meinen wir zu wachen,
Doch der Traum ist Wahn, nicht Welt.

Bloß ein Spiel der stummen Dinge,
Mühen wir uns Sinn zu sein,
Aber Schlaf mit schwarzem Ringe
Schließt den Traum des Träumers ein.

Zwischen ihm, dem wir entstammten,
Und dem Schlaf, der uns erharrt,
Zuckt in sinnlos wilden Flammen
Unser Schein von Gegenwart.

Serenade des ungeliebten Liebhabers

Aus einem Singspiel für Musik

Immer wenn ich dich gewahre,
Einsam oder im Gewühl,
Ferne, Nahe, Unnahbare,
Hüllt dich zärtlich mein Gefühl,
Mantel, den du laß umbreitest,
Wind, den lächelnd du durchschreitest,
Stein, auf dem du fühllos schreitest,
Mondgeleucht und Sternhauch kühl.

Scheuer Schatten deiner Nähe,
Weh' ich hinter deinem Schritt,
Und ich spähe und ich sehe
Jeden deiner Blicke mit,
Fühle, atme, lebe, trinke
Jede Regung und versinke
Erst, wenn mit verhaßter Klinke
Tür um dein Entschwinden tritt.

Und so manche Stunde steh ich
Eingeschattet dann im Tor,
Auf zu deinen Fenstern seh ich
Immer glühender empor,
Ob nicht zwischen den Gardinen
Deine Schultern, mondbeschienen,

Oder nur ein Glanz von ihnen
Sich an mich und Nacht verlor.

Und je mehr die Scheibe dunkelt
– Denn du ahnst und fühlst mich nicht! –,
Um so magischer erfunkelt
Innen mir dein Angesicht.
Ach, nur nie Geliebte können
Ihre Liebe so entbrennen,
Daß sie Wunsch schon Wollust nennen
Und Beglückung den Verzicht!

Der Krüppel

1915

Erst zögerte er lang', eh er auf seinen Krücken
Allein und frei durch den Kasernhof ging.
Er war's noch ungewohnt. Doch als von allen Blicken
Ihn rings nur sanfter Wink und Zuversicht empfing,

Da schleppte er tapfer auf seinen verstümmelten Stümpfen
sich weiter
Und klappterte laut und keuchte bis hin zu der Bank.
Nun kamen die andern. Die braven Burschen stellten sich
heiter
Und sprachen ihm Mut zu, obwohl selbst ruhrfahl und
krank.

Ein roter Husar half rasch, den Rücken ihm weicher zu
betten,
Seine Hände umschmiegten ihn zart wie zerbrechliches
Glas,
Ein Kind schlich hinzu und steckte die Mütze voll
Zigaretten,
Und zwischen den Fingern klirrte auch von Silber etwas.

Zwei liefen querüber und holten die Wirtin aus der
Kantine,
Warm dampfte die Schale, es glänzte der weinvolle Krug;

Sie stritten sich fast, ihm besonders zärtlich und sorglich
zu dienen,
Und was einer tat, nie schien es den andern genug.

Ein Offizier selbst, ein hoher, mit Sternen auf goldenem
Kragen,
Trat näher – schon wollte er stramm empor zum Salut –,
Doch er winkte ihm nieder. Nur etwas Freundliches eilig
zu sagen,
War er gekommen. O wie war alles sanft jetzt und gut,

Wie so brüderlich neu die Welt, die ihn, den Krüppel,
umringte,
Wie so fremd jener andern, aus der er rückschauend kam!
Er beugte sich tiefer und tiefer. Denn ein Jähes, ein Heißes
umblinkte
Ihm plötzlich die Lider. Er weinte und hatte doch Scham,

Daß er für all diese Menschen, die sich so zart um ihn
mühten,
Kein Wort fand, keine arme kleine Geste zum Dank,
Indes doch innen das Herz von brennender Liebe
aufblühte
Und die Brust ihm süßschmerzlich mit Duft und Dornen
durchdrang.

Er schwieg nur und schwieg und ließ sich schweigend von
allen beglücken,
Nur einmal hob er zum Himmel sein blaß verwildert
Gesicht;
Dann streichelte er sanft und fromm seine harten
knarrenden Krücken
Und sah zwischen Tränen die Welt voll Liebe und Licht.

Polyphem

1917

Drei Jahre schon leben wir
In deiner Höhle,
Höhle des Dunkels, des Grauens und böser Erwartung,
Polyphem,
Du ewig hungriger, menschenfressender Riese,
Dessen Auge
Starr, stählern und wimpernlos
Die selige Träne nicht kennt.

Tag für Tag
Greift deine harte haarige Hand
In unsere Reihen,
Fühlt, betastet und wägt unsre schauernden Glieder,
Reißt
Freunde von Freunden,
Bruder von Brüdern,
Schlägt
Schädel und Hirne, gefüllt mit Liebe und warmen
Gedanken,
Körper und Stirnen, durchglüht von Samen und Süße des
Lebens,

Gegen die Felsen des Schicksals,
Und gierig schlürft
Dein breites, wulstiges tierisches Maul
Das heilige Fleisch
Göttlicher Menschen.
Wie Tiere gedrängt
Schauernd im Dunkel
Der blutigen Höhle
Sitzen wir nachts und fragen uns an mit sklavischen
Augen:
Wann du? Wann ich? Wann der letzte
Göttlicher Menschen
In den Wanst,

Den ewig sich weitenden,
Dieses aufgeblähten sinnlosen Tiers?
Unsere Wangen
Sind mürb
Von vergossenen Tränen,
Unsere Augen
Verdunkelt vom täglichen Anblick der Schmach,
Ein eiserner Ring
Erdrückt unsere Kehle,
Die einstens lobsang die Schönheit der Welt.
Wir können nicht reden,
Wir können nur stöhnen.
Wie die Vögel im Sturm
Gesträubten Gefieders

Niedergeduckt
Wärmen wir uns
Einer am andern,
Aber wir ballen die Fäuste,
Daß das Blut uns rot aus den Nägeln springt.

Er aber,
Trunken von Blut,
Frech von der Mast
Heiliger Menschen,
Räkelt sich breit
Auf der ewigen Erde,
Vom Morgen bis Mittag
Liegt er hingestreckt,
Zermalmend die Äcker,
Zerberstend die Wälder,
Zerdrückend die Städte,
Der Menschenschlinger
Und lacht
Mit dem kalten Auge, dem tränenlosen
In die Himmel,
Wo die Götter, die schläfrigen, schlafen und schlafen.

Aber hüte dich, Polyphem!
Es brennen heimlich
Die Feuer der Rache
In unseren Seelen.
Der Atem der Toten facht sie zur Glut.

Schon schmieden
Wir nächtlich den Pfahl,
Den Pfahl für dein Auge,
Das harte, das kalte, das tränenlose!
Hüte dich, hüte dich, Polyphem,
Schon schärfen wir
Die Spitze im Feuer!
Friß nur, saufe, mäste dich an,
Polyphem,
Doch wenn du dann träumst vom ewigen Fraße,
Stoßen wir dir die Nacht in die Stirn,
Und aus der Höhle des Bluts und des Grauens
Schreiten
Wir, Brüder der Völker, Brüder der Zeiten,
Über deine stinkende Leiche
In die ewigen Himmel der Welt.

Die Herren des Lebens

Ein Zyklus lyrischer Statuen

Matkowskys Othello

(geschrieben bei der Nachricht seines Todes, 1909)

Cypern, das Eiland. Rückwärts lärmt ein Meer
Mit Sturm und Aufruhr. Vorne schweigt im Raume
Ein anderes: Menschen, die im heißen Traume
Der Bilder fluten – Rufe! Dann kam Er,

Ein Leuchten im verdunkelten Gesicht,
Als Desdemona sich ihm neigte. – Keiner
Trug so viel Stolz. Nur neben ihm stand Einer,
Die Faust geballt. Allein, er sah ihn nicht

Mit seinem freien Blick, der allen Feinden an
Die Stirn nur griff, ob sie den Weg ihm wehrten,
Und nie ans Herz. Er trat vor die Gefährten,
Die stumm es fühlten: Dieser ist ein Mann.

Und wer von denen, die da lauschten, wer
Versagte ihm den Dienst? Tief in uns allen
War ein Gefühl von Knaben und Vasallen,
Wenn er so schritt. Allein um wie viel mehr

Wuchs Angst in uns empor, da sich der Wurm
Des Zweifels in ihn fraß, die sanften blauen
Augen sich füllten mit Gewölk und Grauen
Und seine Stimme stärker als ein Sturm

Sich bäumte, wilde Verse hin in Splittern
Zerschellte an die aufgetürmten Quadern!
Fieber war alles! Das Gestrüpp der Adern
Auf seiner Stirn hing schwer wie ein Gewitter

In unsre Angst. Wie Wetterleuchten, rot
Schoß es aus seiner Brauen tiefen Bogen;
Ein Donner, kam sein Zorn herangezogen,
Und rollte, grollte … Da – ein Blitz – sein Tod!

Und wach war alles … Was wir kaum verhalten,
Rauschte im Sturz aus den versperrten Tiefen,
Das Blut … die Stimme. Und wir riefen, riefen,
Bis Er dann aus des Vorhangs bunten Falten

Uns wiederkam, wir sahen, daß nur Trug
Dies Sterben war, das wir mit ihm gelitten,
Doch wenn er ging, ging hinter seinen Schritten
Erneute Angst. Wie war es uns genug

Ihn anzusehn, wenn er so stolz und groß
Im Lichte stand, die Brust breit dargeboten;
Die Schicksal von so viel erträumten Toten
Und so viel edle Wirklichkeit erschloß;

Und die nun irgendwo, an fremdem Ort
Verdüstert ruht mit jäh verklungnen Saiten.
Denn was er lebte von Unsterblichkeiten
Ward nun zum Bild und stirbt in unserm Wort.

Der Märtyrer

22. Dezember 1849. Dostojewski

Nachts haben sie ihn aus dem Schlaf gerissen,
Säbel durchrasseln die Kasematte,
Stimmen befehlen; im Ungewissen
Flackern eilend schweigende Schatten.
Sie stoßen ihn vorwärts, aufgähnt ein Gang,
Lang und dunkel, dunkel und lang.
Ein Riegel kreischt, eine Türe klirrt;
Dann spürt er Himmel und eisige Luft,
Und ein Karren harrt, eine rollende Gruft,
In die er hastig gestoßen wird.

Neben ihm, hart in Eisen geschlossen,
Schweigend und mit verlornem Gesicht
Die neun Genossen;
Keiner spricht.
Jeder spürt,
Wohin der Karren ihn vorwärts führt,
Und daß da drunten das rollende Rad
Ihr Leben zwischen den Speichen hat.

Da hält
Der ratternde Karren, die Türe knarrt.
Durch das geöffnete Gitter starrt
Sie ein kaltes Stück Welt

Mit trüb-verschlafenem Blicke an.
Ein Häuserkarree,
Die Dächer nieder und schmutzig bereift,
Umpreßt einen Platz voll Dunkel und Schnee.
Nebel umfloren mit grauem Tuch
Das Hochgericht,
Und nur um die goldene Kirche streift
Der Morgen mit frostig blutendem Licht.

Schweigend treten sie in den Raum.
Alles ist starr, auffunkelt das Erz.
Ein Leutnant liest ihren Urteilsspruch:
Tod für Verrat durch Pulver und Blei.
Tod! Wie ein Schuß
Schlägt das harte Wort in ihr Herz.

Wie im Traum
Fühlt er alles mit sich geschehen
Und weiß nur, daß er jetzt sterben muß.
Sie zerknicken
Schrill ihm den Degen; vor seinen Fuß
Klirrt er hin in splitternden Stücken.
Einer tritt vor und wirft ihm stumm
Ein weißes, elendes Sterbehemd um.
Ein Wort, ein Wink grüßt die Gefährten,
Und glühenden Blicks,
Mit stummem Schrei,
Küßt er den Heiland am Kruzifix,

Den der Pope ihm ernst und mahnend hinbietet;
Dann werden
Sie alle zehn, je drei und drei,
Mit Stricken an ihre Pfähle genietet.

Schon
Schatten zwei Hände um seine Stirn,
Die Augen ihm vor dem Gewehr zu verbinden,
Da greift – er weiß es: zum letzten Male! –
Der Blick vor seinem großen Erblinden
Gierig nach jenem kleinen Glanz Welt,
Das der Himmel ihm drüben entgegenhält:
Im Frühschein sieht er die Kirche lohn.
Wie zum letzten seligen Abendmahle
Glüht ihre Schale,
Gefüllt mit heiligem Morgenrot.
Und er greift nach ihr mit Gier und mit Glück
Wie nach Gottes Leben hinter dem Tod …
Da schnüren sie ihm die Nacht um den Blick.

Aber innen
Beginnt das Blut nun farbig zu rinnen.
In spiegelnder Flut
Steigt aus dem Blut
Gestaltetes Leben,
Und der Blick, der geblendet herzeinwärts stürzt,
Umfängt in diesem Atemzug Zeit
Heiß und zum fliehenden Bilde verkürzt

Den Traum seiner ganzen Vergangenheit.
Dunkel wird glühend, Vergessenes wach,
Die arme Stube, verräuchert und grau,
Vater und Mutter, der Blick einer Frau,
Drei Brocken Freundschaft, zwei Funken Lust,
Einen Glanz von Ruhm, ein Bündel Schmach –
Heißer und in verzweifeltem Lauf
Rollt der bildernde Drang
Seine ganze Jugend die Adern hinauf,
Und schon fühlt er ein Neues beginnen,
Da blitzt die Sekunde,
Da sie ihn an den Pfahl gebunden.
Und ein jähes Besinnen
Wirft schwarz und schwer
Seinen Schatten über die Seele her.

Und da
Spürt er, wie einer auf ihn zutritt,
Spürt einen schwarzen, schweigenden Schritt,
Nah, ganz nah,
Und wie er die Hand ihm aufs Herz hinlegt,
Daß es schwächer … und schwächer … und gar nicht mehr schlägt –
Noch eine Minute – – dann ist es vorbei.

Die Kosaken
Formen sich drüben zu eiserner Reih, …
Die Riemen schwingen … die Hähne knacken …
Trommeln rasseln die Luft entzwei.

Die Sekunde macht Jahrtausende alt.

Da ein Schrei:
Halt!

Der Offizier
Tritt vor, weiß flackt ein Papier,
Seine Stimme schneidet hell und klar
In die harrende Stille:
Der Zar,
Dessen heiliger Wille
Glorreich Güte und Gnade spendet,
Hat das Urteil kassiert,
Die Schuldigen sind vom Tod pardonniert
Und werden nach Sibirien versendet.

Die Worte klingen
Noch fremd: er kann ihren Sinn nicht erdenken,
Aber das Blut
In seinen Adern wird wieder rot,
Steigt auf und beginnt ganz leise zu singen.

Der Tod
Kriecht zögernd aus den erstarrten Gelenken,
Und die Augen spüren, noch schwarz vor Graun,
Hinter dem Dunkel den ewigen Himmel blaun.

Der Profoß
Schnürt ihm schweigend die Stricke los,
Zwei Hände schälen die weiße Binde
Wie eine rissige Birkenrinde
Von seinen brennenden Schläfen ab.

Taumelnd entsteigen die Blicke dem Grab
Und tasten linkisch, geblendet und schwach
In das schon entschwundene Sein
Wieder hinein.

Und da sieht
Er das gleiche goldne Kirchendach,
Das nun im steigenden Frührotschein
Mystisch erglüht.
Die reifen Rosen der Morgenröte
Umschlingen es wie mit frommen Gebeten.
Der glitzernde Knauf
Deutet mit seiner gekreuzigten Hand,
Ein heiliges Schwert, hoch in den Rand
Der hellerdämmerten Wolken hinauf.

Und dort, aufrauschend in Morgenhelle,
Wächst über die Kirche der Gottesdom.
Ein Strom
Von Licht wirft seine glühende Welle
In alle klingenden Himmel empor.
Die Nebelschwaden

Steigen qualmend, wie mit der Last
Allen irdischen Dunkels beladen,
In den göttlichen Morgenglast,
Und Tönen schwillt empor aus den Tiefen,
Als riefen
Tausend Stimmen in einem Chor.
Und da hört er zum erstenmal,
Wie die ganze irdische Qual
Ihr brennendes Leid
Brünstig über die Erde hinschreit.
Er hört die Stimmen der Kleinen und Schwachen,
Der Frauen, die sich vergebens verschenkten,
Der Dirnen, die sich selber verlachen,
Den finstern Groll der immer Gekränkten,
Die Einsamen, die kein Lächeln berührte,
Er hört die Kinder, die schluchzenden, klagen
Und die schreiende Ohnmacht der heimlich Verführten:
Er hört sie alle, die Leiden tragen,
Die Ausgesetzten, die Dumpfen, Verhöhnten,
Die ungekrönten
Märtyrer aller Gassen und Tage,
Er hört ihre Stimmen und hört, wie sie
In einer urmächtigen Melodie
Sich in die offenen Himmel erheben.
Und er sieht,
Daß einzig das Leiden zu Gott aufschwebt,
Indes die andern ihr sattes Leben
Mit bleiernem Glück an die Erde klebt.

Aber endlos weitet sich oben das Licht
Unter dem Schwalle
Der steigenden Chöre
Von irdischem Leid;
Und er weiß, sie alle, sie alle
Wird Gott erhören,
Seine Himmel klingen Barmherzigkeit!
Über die Armen
Hält Gott nicht Gericht,
Unendlich Erbarmen
Durchflammt seine Hallen mit ewigem Licht.
Die apokalyptischen Reiter entstieben,
Leiden wird Lust, und Glück wird Qual
Für den, der im Tode das Leben erlebt.
Und schon schwebt
Ein feuriger Engel bodenwärts
Und bohrt ihm den Strahl
Der heiligen, schmerzgeborenen Liebe
Mit heißem Stoß ins schauernde Herz.

Da bricht
Er ins Knie wie gefällt.
Er fühlt mit einmal die ganze Welt
Wahr und in ihrem unendlichen Leid.
Sein Körper bebt,
Weißer Schaum umspült seine Zähne,
Krampf hat seine Züge entstellt,
Doch Tränen

Tränken selig sein Sterbekleid.
Denn er fühlt, daß erst, seit
Der Tod an sein atmendes Herz gerührt,
Er den heiligen Sinn alles Lebens spürt.
Seine Seele glüht nach Martern und Wunden,
Und ihm wird klar,
Daß er in dieser einen Sekunde
Jener andere war,
Der vor tausend Jahren am Kreuze stand,
Und daß er, wie Er,
Seit jenem brennenden Todeskuß
Um des Leidens das Leben verkünden muß.

Soldaten reißen ihn weg vom Pfahl.
Fahl
Und ganz erloschen ist sein Gesicht.
Schroff
Stoßen sie ihn in den Zug zurück.
Sein Blick
Ist fremd und wie nach innen gesenkt,
Und um seine zuckenden Lippen hängt
Das tote Lachen der Karamassow.

Der Bildner

Meudon, Maison Rodin 1913

Der große Meister ist müde und alt. –
Ein weißes wehendes Dickicht umwallt
Sein Bauernbart den zerfurchten Basalt
Des abgelebten grauen Gesichts.
Und wenn er schwer durch die Säle geht,
Durch die er sein steinernes Werk gesät,
So schlurft er so schläfrig und urallein,
Als schritt er in seinen Tod hinein.

Aber weiß,
Ein funkelnder Kreis,
Umstehn ihn die Statuen und strahlen von Licht!
Die Augen weitfort von sich aufgetan,
Träumen sie schweigend ein Ewiges an.
Sie rühren sich nicht, sie regen sich nicht,
Sie spüren sich nicht, sie bewegen sich nicht,
Stumm
Ruhen sie aus in unendlichem Ruhm.
Ein Lächeln verloren im marmornen Mund,
Stehen sie da, die großen Trophäen
Verschollener Siege, gemeisterter Zeit,
Gefrorne Kristalle Unendlichkeit.

Der Meister umschlurft sie mit langsamem Gang,
Als schritt er sein ganzes Leben entlang
Mit seligem Schauern, mit zärtlichem Graun
Muß er sie wieder und wieder anschaun,
Und kann's doch nicht fassen, das Unfaßbare,
Daß sie, die ihm vor verschollenen Jahren
Gespielen und Spiel seiner Jugend waren,
Noch immer dieselben, die strahlenden sind,
Und ihre Formen, die kühlen, die klaren,
Noch rein die Welle des Lebens durchrinnt,
Indes er selber, der sie gestaltet,
In sich zerfaltet, in sich veraltet,
An jeder Stunde zu sterben beginnt.

Und wie er sie so, die strahlenden, sieht,
Fühlt er sich selber uralt und müd.
Er ahnt, in den klaren, körnigen Quadern
Müsse tiefinnen
Das eigene Blut seiner todmatten Adern
Noch feurig quellen und rotfunkelnd rinnen.
Und mit denselben uralten Händen,
Die das Leben in ihre Leiber getan,
Rührt er jetzt zagend die Statuen an,
Noch einmal in ihnen, den stummen, den kühlen,
Das weggelebte Leben zu fühlen:
Wie ein Dürstender beugt er sich über den Stein
In den Brunnen verschollener Jahre hinein.

Aber fremd
Stehen die Statuen im Totenhemd.
Sie ehren ihn nicht, sie wehren ihm nicht,
Sie atmen nur Schweigen, sie leben nur Licht.
Sie haben vergessen, woher sie kamen,
Den Fels und das Land und die Zeit und den Namen.
Wortlos gereiht
Stehn sie in ihren weißen Gewändern
Unberührt von Vergehn und Verändern
Jenseits der Zeit.
Und kein Wort von ihrem marmornen Munde
Spricht mehr zurück zu den Menschen der Stunde.

Die Uhren, die ihnen zu Häupten gehangen,
Sind weitergegangen,
Städte entstanden und andre verdarben,
Gesichter fielen aus Formen und Farben,
Geschlechter erwuchsen, Geschlechter verblühten,
Menschen wurden zu Masken und Mythen,
Alles ward in der mitleidlosen
Mühle der Jahre zerstäubt und zerstoßen –
Nur sie in ihren erstarrten Posen
Dürfen im rastlos Wandernden ruhn,
Weil sie ihr Wesen ewig zu Ende tun.

Der geht – und sein Gehen ist ewiges Gehn –
Der ruht – und sein Ruhen ist ewige Ruh –
Und wie auch die Stunden stürmen und schwingen,

Keine Stunde nimmt, keine gibt etwas zu,
Denn jede der stummen Gestalten hält
In sich kristallt einen Augenblick Welt,
Der nie wieder kehrt und niemals zerfällt.
Niemals werden die weißen, die glatten
Gestalten in ihrem Wesen ermatten,
Ewig werden, die sich umschlingen,
Im Liebeskampf um Erfüllung ringen,
Ewig wird die Welle der Lichter
Die Qual der vier Gebeugten umzittern,
Ewig wird mit dem Schreckblick der Dichter
Aus innerer Nacht in die Welt gewittern,
Und das Lächeln, das jener Lippe umschwebt,
Ist irdisch verklungen und bleibt doch und lebt,
Indes sie selber, die wachen Gesichter,
Sich längst zerstäubten aus Formen und Falten
Und mit den Stunden verwehten wie Wind. –
Sie aber, die Schatten des Lebens, die kalten
Steine, sie stehen, sie dauern: sie sind.

Der Meister steht staunend im steinernen Wald,
Von Schweigen umschart, von Stille umschallt,
Und mit einmal begreift er die Urgewalt,
Die wie große Musik aus den Steinen bricht:
Sendung
War ihm gegeben,
Vollendung
Schafft Leben über dem eigenen Leben,

Gestalteter Stein ist stärker als Zeit!
Und selig erkennt er das große Licht
Ob seinen Gestalten: Unsterblichkeit.

Da lächelt der Meister zum erstenmal,
Seit er stumm vor den Steinen steht.
Von Licht und Schweigen orgelt der Saal,
Und sein Herz braust mit in dem großen Choral.
Wie im Gebet
Hebt er die Hände,
Die all dies getan,
Und sieht sie, die eigenen, ehrfürchtig an,
Er sieht sie an, die kranken, die kalten,
Mit ihren Schrunden und Schwielen und Falten,
Die Werkmannshände, in denen vor Jahren
All diese aufgereckten Gestalten
Wie zitternde, unflügge Vögel waren,
Und die nun, heilig und unnahbar,
Hinglänzen durch die stürzende Stunde
Wie eine niederverlorene Engelschar,
Die Gott anschweigt mit marmornem Munde.

Groß rauscht es im Saale, still sinken die Hände,
Stumm stehen die Statuen, weiß leuchtet der Stein.
Wie eine Legende
Geht der Meister fromm in sein Werk hinein.

Der Dirigent

In memoriam Gustav Mahler

Ein goldner Bienenkorb, in dessen Waben
Summend das Volk sich drängt, so scheint
Das Haus mit seinem hingeströmten Licht
Und der Erwartung vieler Menschen, die
In schwärmender Erregung sich versammeln.
Alle Gedanken tasten unablässig
Dort an die dunkle Wand, dahinter sich
In einer Wolke unbestimmter Ahnung
Die Träume bergen.
Unten schäumt der Kessel,
Darin sich die gefährliche Magie
Der Töne braut. Die bunten Stimmen brodeln
In erster Hitze, zucken, sieden, spritzen
Schon manchmal eine kleine Melodie
Wie Schaum herauf. Allein sie zittert schwank
Im hohen Raum und stürzt dann wie zerbrochen
Zurück ins Ungefähr der andern Stimmen.

Und plötzlich wo ein Klang: das Licht verlischt,
Der Ring des Raums zerrinnt ins Grenzenlose,
Nacht stürzt herab, und alles wird Musik.
(– Denn sie, im Unbegrenzten heimisch schweifend,
Gibt schamhaft ihre körperlose Seele
Den Blicken nicht und ausgereckten Händen:

Urschwesterlich sind Dunkel und Musik.)
Und was vordem im ausgesparten Raume
An zagen Stimmen suchend rang, was sich
Noch scheu und ganz vereinzelt erst versuchte,
Das greift jetzt ineinander, flutet über,
Meer wird es, Meer, das seine Wellen bald
Wie Knabenhaar verliebt und eitel kräuselt,
Bald sie wie Fäuste ballt, ein Meer,
Das auf zu Sternen will. Nun sprengt es hoch
Bis ans Gebälk die farblos heiße Gischt
Der Töne, wirft sie gegen unser Herz,
Das sich noch weigert (denn wer gibt sich gern
An ein gefährlich unbekannt Gefühl
Ganz ohne Zagen hin?). Allein es reißt
Gewaltsam mit in seine blinde Kraft,
Und Flut sind wir mit ihm, nur wesenlos
Verströmte Flut, die bald zum Wogenkamm
Des seligsten Entzückens hochgeschleudert
In weißen Schäumen funkelnd sich zersprüht,
Bald wie begraben in der jähen Trauer
Des Niederstürzens ins smaragdne Dunkel.
Wir alle, sonst vieltausendfach zerstückt
Durch Zufall, Schicksal und geheime Neigung,
Sind eine Welle zitternder Entzückung,
Drin unser eigen Leben unbewußt
Und ohne Atem, ohne Willen flutet,
Ertrunken in den Tönen.
Aber dort,

Hoch über diesem Meer, schwebt einer noch,
Wie eine schwarze Möwe mit den Schwingen
Hinreisend über das erregte Stürmen
Des namenlos beseelten Elements.
Er ringt damit, taucht bald hinab, als griff
Er Perlen von dem Grund, bald schnellt er hoch
Wie ein Delphin sich aus dem wildgepeitschten
Gewirr der brennend lodernden Musik.
Ein Einziger, da wir schon hingerissen
Und schwank verströmt sind, selber Wind und Welle,
Kämpft er noch mit den losen Elementen,
Gebändigt halb und halb der Töne Meister. –
Der Stab in seiner Hand (ist er der gleiche,
Mit dem einst Prospero den grausen Sturm
Hinwetternd auf die reine Insel warf?)
Scheint, ein Magnet, das fließend Erz der Töne
Hinaufzuzwingen in die starke Hand,
Und all die Wellen, drin wir uns verbluten,
Strömen ihm zu, dem roten Herz, darin
Die Unruh Rhythmus wird, das wirre Leben
Der Elemente klare Melodie.

Wer ist der Zaubrer, wer? Mit einem Wink
Hat er des Vorhangs harte Nacht gespalten.
Sie rauscht hinweg. Und hinter ihr sind Träume
Mit blauem Himmel, aufgeblühten Sternen,
Mit Duft und Wind und Bildern wie von Menschen.
Nein, nein! Mit Menschen! Denn kaum hat er jetzt

Die Hand gehoben, so bricht diesem schon,
Den er bedeutet, Stimme aus der Wunde
Der aufgerißnen Brust, und jetzt den andern!
Sie atmen Leid und Lust. Und alles ist,
Wie er gebietet. Seht, die Sterne löschen
Jetzt mählich aus, die Wolkenzüge brennen
Vom Feuerhauch der neuen Dämmerung,
Und Sonne naht und mit ihr andre Träume.
Und über all dies schüttet er Musik,
Die er von unten aus dem unsichtbaren
Geström mit seinen losen Händen schöpft.
Tag wird aus Nacht. Womit hat er Gewalt,
Daß ihm die Töne dienen, Menschen sich
Ausbluten im Gesang und daß wir alle
Hier leise atmend wie im unruhvoll
Erregten Schlafe sind, vom süßen Gift
Des Klangs betäubt? Und daß ich immer
Das Zucken seiner Hand so spüren muß,
Als riß er eine angespannte Saite
In meiner Brust entzwei?
Wohin, wohin
Treibt er uns fort? Wir gleiten nur wie leise
Barken des Traums auf niegesehnen Wassern
Ins Dunkel weiter. Goldene Sirenen
Neigen sich manchmal über unsre Stirnen,
Doch er lenkt weiter, steil das Steuer in
Die feste Faust gepreßt. Wir gleiten, gleiten
Zu stillen Inseln, sturmzerrißnen Wäldern.

Wer weiß, wie lang? Sind's Stunden, Tage,
Ist es ein Jahr?
Da sinkt der Vorhang zu.
Die Barke hält. Wir wachen wie verschreckt
In unsre Wirklichkeit. Doch er, wo ist
Er hin, in dessen Händen wir gewesen,
Der dorten stand, ein unbewegter Stern
Über dem Aufschwall geisternder Gewässer?
Hat ihn die Flut, die er bezwang, nun doch
Hinabgerissen in ihr Dunkel? – Nein!
Dort stiebt ein Schatten weg. Der heiße Blick
Greift rasch ihm nach. Doch ringsum schwillt
Schon Unruh und Geräusch, die Menge bricht
In tausend Stücke, einzelne Gesichter,
Zerrinnt in Worte, die sich laut verbreitern,
Der Jubel dröhnt! Aufflammen alle Lichter, –
Wir sind am Strand, daran die Träume scheitern.

Die Sängerin

Wer bist du? Dein Gesicht scheint wie aus Stein,
Da es sich plötzlich von der matten Tiefe
Des Dunkels und der noch viel dunklern Krone
Verflochtnen Haars über die Menge hebt.
Wer bist du, sprich! Warum sind deine Lippen
Wie Siegel rot und hart auf dem Geheimnis
So jäher Blässe, warum sprichst du nicht,
Da doch in dir (ich fühl's) der Wogenschlag
Aufbrandender Erregung rollt? Was will
Der fremde Blick, vorbei an all den Blicken,
Und was dies Blatt, das weiß, mit Spuren
Von Botschaft zwischen deinen Fingern
Sich knisternd krümmt? Gib Rede, steh nicht so
Im innern Brand, denn jetzt, ich seh es, da
Der andre dir den unsichtbaren Strang
Von einer Melodie herüberwirft, da bäumt
Sich's in dir auf, vergeblich preßt die Hand
Die rege Brust, denn schon klimmt eine Ader
Wie eine Schlange blau die Kehle auf,
Durchbricht ein dreifach Perlenband, und jetzt –
Wie eine Knospe birst dein Mund
Gewaltsam auf, ein wilder Schrei bricht hoch …

Nein, nein! Es ist Gesang. Aus dem Gestein
Der Starre sprudelt eine jähe Quelle
Und rauscht nun kühlend über unsre Stille,
Die süß erschreckte, immer lauter hin.
Oh Selige, so ist dir dies gegeben,
Dich hoch zu schwingen aus dem engen Rand
Des eignen Wesens und ins göttlich Freie
Des Grenzenlosen dein Gefühl zu stürzen,
Mit heißer Lippe all dies rein und tönend
In Wind und Welt zu werfen, was im dumpfen
Gefäß des Leibes schwül und trächtig gärt!
Du reine Buhlerin, die du an Tausend
Gleichzeitig dich verschenkst, die nackte Seele
Aufglühend hingibst unberührten Leibs
In einer brennenden Vermischung, die
Viel tiefer ist als die von Mann und Weib –
Wie taumle ich, von deiner Stimme trunken!

Oh singe, sing! Ich fühl's, die Luft, die tote,
Wird um mich reg, indes ich reglos werde,
Hinsterbend im Gefühl. Wie doch dies Dunkle
In deiner Stimme sich so schwesterlich
An all mein Dunkles schmiegt und es mit linder
Begütigung ins Freie lockt? Woher
Hast, Fremde du, so seltene Gewalt,
Daß schon dein bloßer Hauch dies dumpf
In mir Verwölkte klärt. Melancholie
In süßes Sehnen schmilzt und ich vergehe

In einem weich hingebenden Gefühl?
Daß meine Trauer ihren dunklen Leib
Nun aus dem trüben Bad der Tränen stolz
Und nackt wie eine Göttin hebt, empor
In so viel Licht, daß meine Augen brennen,
Sich Schmerz zu Lust verzückt? Allein da faßt
Schon deine Heiterkeit, die goldgelockte,
Die meine, schelmischer Gebärde, an,
Daß sie, zwei Kinder, trillernd Hand in Hand
In wilden Sprüngen über bunte Wiesen
Mit immer aufgeregterm Lachen tollen.
Oh welcher Übergang von Nacht ins Klare
In dieser nahen Nachbarschaft der Töne!
Denn Hell und Dunkles, Lastendes und Lindes
Senkst du und hebst du mir vom innern Leben
Mit einem Wogen deiner lauten Brust.
Mein eignes Wesen fühl ich mir entschwingen,
Nur mehr empfindend, was ich in dir spüre.
Nicht Lauschen mehr, bloß ahnend Widerklingen,
Nur zwiefach du, in dem ich mich verliere,
Und so schon dein, daß ich im Überfließen
Mich selbst und dich in einer Lust genieße.

Doch wo, wo bist du selbst, aus der all diese
Entzückung strömt? Dein Bild ist hingeschwunden,
Dein Antlitz überflutet von Gesang,
Nur innen spür ich dich, du Aufgeschwebte,
Wie eine Muschel tönend von dem Meer,

Das sie umspült, und fühl dich auch in allem,
Was an mich rührt. Denn alles rings im Raume
Ist wie entkörpert von dem dumpfen Leben:
Aus harten Pfeilern schwingt Musik, die Decke
Strömt sie herab, mit unsichtbaren Händen
Trägt sich Gesang im Dunkel selig weiter.
Die Menge, sie, die taube selbst, wird Klingen,
Doch über alles, immer, immer wieder
Sprühst du empor, und diese göttlich klare
Fontäne von Gesang, die immer höher,
Oh immer höher farbenfunkelnd sprüht,
Als wollte sie die reinen Sterne netzen,
– Dies wilde Schwellen – ist's nicht auch mein Blut,
Das mit entströmt, weil ich mich so
Beglückt entbürdet fühle, lastlos durchsichtig,
So selber Klang und Schwinge über aller
Schwere der Welt?

Doch wohin, wohin
Hebst du mich auf? Halt ein! Du mußt
Zerschellen, Stimme, allzukühne, denn
Schon so kristallen rein, so gläsern durchsichtig,
So schneidend klar bist du und so voll Süße,
Daß dich der Sinn nicht trägt.
Da steigst du langsam nieder, Stimme, wunderbare,
So wie ein Adler mit gespanntem Flügel
Vom Unnahbaren kreisend niedergleitet,
Und ich, ich sinke mit. Schon ebbt das Blut,

Das weggestürmte, wieder in den Adern,
Erwachen naht und in dem Leiserwerden
Auch jene unfaßbare Wehmut, die
Den letzten Glanz von großer Lust umwittert.
Nun taucht dein Antlitz wieder aus den Tönen,
Doch müde, wie das einer Frau am Morgen
Nach heißer Nacht. Und nun das blasse
Gesicht sich langsam aus dem Dunkel schält,
Seh ich die rote Quelle deines Lieds,
Die leiser nun die letzten Worte funkelt,
Und jetzt …
Nein, schweige nicht! In dem Verstummen
Wär schon ein Vorgefühl des ewigen Vergehens,
Gefühl von Dunkelheit, wie selbst die Nächte,
Die sternenlosen, es nicht drohn! Nein, laß
Mich ewig weiterfluten im Gesange,
Zerbrich nicht diese wundervolle Schwinge,
Die mich erlöst von all den dumpfen Mächten,
In deren Kreis ich unwillig gefangen –
Verstumm mir nicht!
Geliebte, singe, singe!

Der Maler

Brief eines deutschen Malers aus Italien

Dies Blatt, das ich für euch zum Briefe falte,
Ich wollt, es wär ein Bild und brächte euch
In unser Haus, wo noch der unwirsch kalte
Frostwind die Türen stürmt, die Sonne bleich
Und zaghaft um den Reif der Fenster flittert,
Nur einen Traum des Lichts, das warm und weich
Im Haar mir wühlt, um meine Hände zittert
Und nun schon innen, wie ins Blut gesprüht,
Des Herzens Hammerschlag mit Funken füllt.

Dies Blatt, ich trug es sonnenüberglüht
In einen Park. Der breitgezweigte Baum,
Der sich darüberbog, vermochte kaum
Den Ungestüm des vielen Lichts zu mildern,
Das, – überflutend aus der Äste Wehr,
Als wollte es den dunklen Grund entzünden, –
Noch weißer sprühte als das weiße Blatt.
Und dieses Funkeln lockte mich von mehr;
Von tausend in mir aufgesparten Bildern
Wollt ich, der bislang nur von Farben träumte
Und nun erst Ahnung ihrer Vielfalt hat,
Wollt ich euch Lieben, ach, im Nordland Blinden,
Mit raschem Stift die eine Landschaft schildern,
Die rings den Blick mit heißem Gold umsäumt.

Doch unberührt und zag ließ ich das Blatt.

Denn wie, wie wagt ich all dies schon zu malen?
Wo faßt ich an? Wie fände ich mir Farben,
Die nicht der Umwelt feurig Leuchten schwächen?
Wie bände ich die schweren goldnen Garben
Des wie mit Sensen hingemähten Lichts,
Wie den Kristall der blanken Himmelsflächen,
Den Glanz der Wasser, die sie treulich strahlen,
Wie hier die Blüten, deren wieder jede
Der steilen Sonne unnahbaren Blick
Von Blatt zu Blatt in neue Farben brechen,
Dies stet verwirrte Spiel? Nein, nichts, oh, nichts
Vermöchte diese Fülle auszusprechen,
Die, feind dem Bilde, kaum sich leiht der Rede,

Denn was sind Worte, sind sie nicht Musik?

Doch dieses Eine, diesen Augenblick,
Von Schreck und Lust dies selig sich Umschließen,
Da mir im ersten Schaun schon alles ward,
Was jetzt die Sinne schwärmerisch genießen,
Dies laßt noch einmal mich zurückbeschwören!

Es war der dritte Morgen unsrer Fahrt,
Wir klommen aufwärts über die vereisten
Paßhöhen, wo nur mehr verzwergte Föhren
Dem Schnee verflochten ihr umwittert Haar,

Kalt sprang der Wind uns an. Es war,
Als ob mit einem Mal die Welt ergreiste
Und selbst der Himmel sich in Rauch verlöre.
Des Lebens Stimme, Blick und Atem schienen
Wie eingesargt in ein gespenstisch Grab,
Nur in uns schrie die Angst: Hinab! Hinab!
Da – als der Niederstieg der Serpentinen
Sich plötzlich kühn durch einen Felsen stieß –
Da – und es war, als ob mit einem Male
Die Nebelwand von unsern Lidern ließ –
Da lag in Ährengold ein endlos Tal,
Rotrosenbüsche winkten aus den Tiefen
Wie Fahnen her, die schwanken Rebgelände
Klommen empor und legten ihre Hände
Begütigend auf den zu schroffen Hang,
Daß er sich williger zum Tale mulde,
Und alle Wege, alle Wasser liefen
So wild hinab, daß laut der Felsen klang.
Und ich, ich Toller, stürzte, stürmte, sprang
Mit all den Bächen, die voll Ungedulden
Der Felsen hochgetürmte Brust entriegeln
Und dann in Seen, lächelnd und verklärt,
Den erst nur perlenblassen Himmel spiegeln,
Der – wie ein Wasser, zart getönt am Strande
Der Farbe Dunkel aus den Tiefen nährt –
Sich blaubrokaten aufspannt ob dem Lande.
Ach, wie ich froh ward, wie so unbeschwert!
Die schroffsten Ketten sah ich Bilder werden,

Schneesteig und Schründe, die hell talwärts kamen,
Im Fernenblau nur mehr als Schattenriß
Den ewigen Frühling dieses Tals umrahmen.
Ich sah beglückt – manchmal auch ungewiß,
Ob dies nicht Traum sei –, wie sich all die Wiesen
Bestickten mit vieltausend bunten Dolden,
Sah Früchte schwer und reif das Laub durchgolden,
Oh, all die Bäume, und dann über diesen
Den Himmel mit den weißen Wolkenherden.
Ich sah das Meer, fernfunkelnd und türkisen,
Fühlte die Luft, die warm und ausgegoren
Das Blut berauschte wie ein starker Wein,
Bis sich die Sonne schwindlig süß verloren:
So gierig trank ich, so mit allen Poren
Dies weiße Flimmern in mein Herz hinein.

Und nun, nun lieg ich regungslos und träg,
Hindämmernd in das einzige Gefühl,
Selbst aus der warmen Erde aufzusprießen,
Hier nur zu sein, wie Pflanze, Baum und Frucht,
Besonnt, beglückt, der lauen Winde Spiel,
Aufkeimend, reifend, blühend unter ihnen,
Ureins im Blut mit all den Gegenständen,
Die gleiches Licht mit gleicher Lust genießen.

Nichts lockt mich, nicht der diamantne Weg,
Der sich ins Weinlaub wühlt, nicht dort die Wucht
Der unter Efeu bröckelnden Ruinen,

Nicht da mein Stift, die harrende Palette!
Ich fühle nur von meinen nackten Händen
In alle Adern Sonne überfließen,
Und daß dort drüben aus der Rosen Rund
Nun singend etwas tritt, daß es sehr bunt
Und leuchtend ist, doch fühl ich's nicht als Frauen,
Nicht als ein Fremdes ihre heitre Kette.
Ich fühls als Farben nur auf diesem blauen
Unsäglich ausgespannten Hintergrund.

Und Farben, Farben – oh, wie bunt ihr Feuer
Durch die fast aufgesprengten Adern kreist!
Wie wirbelnd das, wie wild, wie ungeheuer
Die ganze Welt mit sich nach innen reißt!
Das pralle Weiß hier, funkelnd vom Gemäuer,
Und da des Efeus Grün, der es umkleidet,
Das grelle Gelb, das überm Sande brütet,
Das Schwarz dort jener einsamen Zypresse,
Die wie ein Riß des Himmels Samt zerschneidet,
Dies Violett, Orange, dies Rot, wie Purpur trächtig –
All das bohrt in mich, von der Feueresse
Des mitleidlosen Lichtes blank geschmiedet,
All das wirft Wellen, wird im Blute mächtig,
Quillt auf, ein Qualm, noch nicht zur Form gestaltet,
Drängt so, wie aus der österlichen Erde
Der Blumen Glanz und Blust, noch eingefaltet,
Emporpocht zur erhellten Oberfläche.

Und schon, ich fühl es, wird diese Begierde,
Flackernd und bunt in Farben auszubrechen,
Lebendiger in mir als die trunkne Schwäche,
Die sich bezaubert in den Dingen spiegelt,
Statt sie emporzureißen in ein Bild.

Und bald, bald wird das Drängen übermächtig. –
Oh, all das aussprühn, was mich jetzt erfüllt,
Wie wunderbar die Hoffnung mich beflügelt!
Denn dann erst, wenn all diese süßen Qualen,
Dies kaum von Schmerz zu scheidende Begehren
Auffunkelnd bis in meine Finger quillt,
Wenn all die Farben, meiner Brust entsiegelt,
Nicht jener Welt mehr, sondern mir entstrahlen

Dann erst – dann will ich endlich wieder malen.

Der Kaiser

Schönbrunn 1913

Noch zittert das Frührot nur scheu um das Dach,
Nachtnebel saugt den Glanz von den Scheiben,
Doch drei Fenster funkeln schon längst im Palast:
Der Kaiser ist wach.
Eh der Morgen weiß in die Straßen fällt,
Steigt sein Wille hinab in die schlafende Welt.
Diener haben die weiße Last
Der Staatsdekrete zum Unterschreiben
Bereitgelegt.
Die Feder fegt
Wie Frühwind durchs Laub hin über das Knistern
Der Blätter, die Bitte und Botschaft flüstern.
Und die eben noch welk waren, blaß und verdorrt,
Blühen und fruchten von diesem Wort.

Der Kaiser schreibt mit fliegendem Stift,
Und Schicksal schafft jede Unterschrift.

Er schreibt – und in zwei Hände, nackt und schwach,
Schüttet er Macht,
Einen Tropfen aus seiner unendlichen Fülle:
Nun darf einer Heerführer, darf Richter sein,
Hinrollend den Würfel von Leben und Tod,
Doch sein Gebot

Ist nur Spiegelschein
Von seinem eigenen waltenden Willen.

Und wieder ein Rascheln – und einer ist Graf,
Eine siebenarmige Krone umzinkt
Den Namen, der jetzt golden aufklirrt und klingt.
Ein Blatt – und aus tausendjährigem Schlaf
Bäumt sich die Erde, aufsteigt ein Dom,
Die Türme schüttert der Hammer der Glocken,
Und ein Strom
Von Menschen füllt ihn in frommem Frohlocken.

Ein Schriftzug weiter – und irgendwo knarrt
Eine Kerkertür auf, eine Kette fällt.
Selig starrt
Ein hungriger Blick in die Fülle der Welt.
Und wieder das Wort – und es sinkt ein Schafott,
Das schon sein Kreuz einem Mörder hinreckte,
Taumelnd stürzt und staunt der Erschreckte,
Zwei blutlose Lippen lobpreisen Gott.

Ein Blatt, ein Rascheln – der Krieg ist erklärt,
Wie eine zuckende Stichflamme fährt
Das Wort in den knisternden Zunder der Massen
Und stürzt den Donner über das Land.
Telegraphen sausen, Spruchfunken sprühn
Über die Meere den Blitz ihrer Botschaft hin,
Zeitungen flattern wie weiße Vögel

Über das Schäumen der Gassen im Schwung,
Der Sturm der Menge faßt ihre Segel
Und stürzt in das Meer der Begeisterung.
Bajonette blitzen
In stachligen Büscheln starr durch die Straßen,
Transporte entquellen den Magazinen,
Die Kasernen spein Ströme blaulodernder Mützen.
Auf brennenden Schienen
Rollen die Räder von allen Wegen
Einem einzigen Ziele entgegen,
Und die Kanonen schrein
Ihr mörderisches Wort in die Welt hinein.

Und wieder ein Rascheln, ein Federstrich –
Die aufgröhlenden Wogen zerglätten sich,
Die Menge sickert zurück in das Land,
Und der Bauer stößt mit ruhiger Hand
Den Pflug in die brachgelegenen Schollen.

Er schreibt – und mit jedem Federstrich
Schwankt das Reich und verändert sich.
Blatt auf Blatt
Fällt mit Früchten und Blüten
Vom magischen Baum seines Willens ab,
Der funkelnden Krone,
Die nie entlaubt
Und mit uraltem Haupt
In die Urwelt ragt der Mächte und Mythen,
Wo die Götter noch über der Erde thronen.

So schafft er jeden Morgen die Welt. –
Dann tritt er hinaus,
Neugier und Ehrfurcht umscharen sein Haus;
Ein Kommando gellt,
Die Trommeln prasseln, ein Säbel klirrt,
Ein Ruf: die Waffen sind präsentiert,
Der Wagen saust vor.
Die Hüte sinken tief weggemäht:
Wie im Gebet
Hält die Menge erschauernd das Haupt geneigt,
Und erst da sein ernstes Antlitz sich zeigt,
Weht
Die knatternde Fahne des Jubels empor.

Durch ein Tor
Von Rufen, das bis zu den Dächern steigt,
An wallenden Wänden,
Die niederstürzen in Jauchzen und Schrei,
Fährt der Kaiser vorbei.
Triumph hält sein greises Haupt überdacht,
Demut umfängt seine grüßenden Hände,
Und helle Wellen der Ehrfurcht tragen
Den schlichten Wagen
Hinaus in das unendliche Meer der Macht.

Der Flieger

Die Erde spricht:
»Ich lasse dich nicht,
Du Wurm, der meine Flanken umkriecht,
Du fressende Borke in meiner Rinde!
Ich hab dich gesäugt, ich hab dich genährt,
Ich gebe nichts frei, was zu mir gehört.
Ich stürz dir das Grauen des Todes ins Herz.
Ich binde
Die Sohlen dir an mit brennender Schwere,
Ich füll dir den Leib mit Wucht und Gewicht,
Und wie zornig du dich auch aufwärts entringst,
Du sinkst
In ewiger Ohnmacht stets bodenwärts.«

Doch der Wille glüht:
»Ich bin müd,
Die Straßen zu streifen, die alle begingen,
Ich will nicht mehr, Last, an Lastendem kleben!
Leben ist Schweben,
Seliges Ruhn mit wandernden Schwingen.
Ich sehe
Die Lerchen leicht auf luftigen Sprossen
Aus nebelnden Talen ins Frührot klimmen
Und Adler schwarzseglig den Äther zerpfeilen,
Ich sehe

Die Schwalben flink wie flüchtende Rehe
Die Wälder des Winds und der Wolken durcheilen,
Ich sehe
Libellen mit silberflirrenden Flossen
Im blauen Bade des Himmels hinschwimmen,
Ich sehe Glanzkäfer wie zitternde Funken
Die brennenden Kelche der Blumen umstreichen.
Aufschwingt sich die Wolke, hochwellt sich der Rauch,
Und was Feuer, Wasser und Tier erreichen,
Vermag ich auch.«

Und der Motor keucht:
»Ich mache dich leicht!
Ich habe das Feuer in mich getrunken,
Meine Adern bersten, mein Blut siedet und surrt,
Horch, wie es kocht
Und mit heißen
Verlangenden Stößen ins Freie pocht.
Spreng mir den Gurt,
Reiß mir sie auf, die eisernen Schließen,
Ich will meine Kraft in die Welt ergießen,
Hilf, und ich stoße dich steil in die Luft!«

Die Hand reißt nervig das Steuer an sich:
»Ich löse dich,
Nun wirf mich empor
Oder stürz mich hinab!
Die Erde ist dunkel, die Erde ist Grab,

Ihr Leib ist gebläht von Toten und Särgen,
Ihr Atem stinkt von Moder und Gruft,
Doch bevor
Auch mich ihre durstigen Schollen auftrinken,
Heb du mich in reine, in feurige Luft!
Mich hebe hoch, laß sie stürzen und sinken,
Auf, ihr Schwingen, macht mich frei, macht mich groß!
Los!«

Die Maschine zittert und prasselt Begier,
Aus eiserner Nüster sprüht Feuer und Dampf,
Dann jäh wie ein Stier
Stürzt sie und stampft
Blindwütig voran, schleudert und kreist
Wirr, ein rasend gewordener Pflug,
Im qualmenden Feld,
Bis ein Ruck
Den Nacken ihr plötzlich nach oben schnellt.

Die Leute stürzen im Taumel herbei,
Zehntausend Stimmen nietet ein Schrei:
»Er schwebt!
Er fliegt!
Traum und Triumph, wir haben's erlebt,
Ein Mensch hat über die Erde gesiegt.«

Und die Schwingen summen und surren im Wind:
»Ach, wie leicht und selig wir sind!

Wir schneiden
Mit beiden
Armen die Luft, wir mahlen den Wind,
Wir mähen
Die Böen,

Wir werden wie Vögel, wir werden geschwind.«
Und eine Wolke singt:
»Was blinkt
Dort aus der Tiefe steil auf mich los,
Was dringt
So übermächtig in meinen Schoß
Und fährt durch mich mit schneidendem Stahl?
O wie er schmerzt, der brennende Stoß!
Ich fühl mich zerfließen
Und tränend über die Erde ergießen.«

Er aber wandert hinauf.
Die Nebel reißen ihm die Tore auf,
Hügel knicken
Demütig ein mit dienerndem Rücken,
Berge sinken vor ihm auf die Knie.
Hoch über sie
Schwingt er sich hoch und tastet die Runde:
Wie im wässerigen Grunde
Eines Meers, verfilzt in Algen und Grün,
Sieht er die Korallen der Kirchtürme glühn,
Die Bahnen kriechen wie kribblige Fliegen

Auf weißen spinndürren Straßenschnüren,
Wie Spielzeuge liegen
Die Häuser lässig im dünstenden Licht
Der Felder, die klein sind wie Büschel von Blumen.
Wälder zerfasern zu wehenden Garben,
Teiche blitzen als blaßblaue Funken,
Die Gletscher scheinen wie winzige Krumen
Von Sternen, die auf die Erde gesunken,
Ströme zerschmelzen, die Meere versiegen,
Rund wird und runder die Übersicht,
Und mählich zerrinnen die flackernden Farben
In ein einziges mattes, verblassendes Licht.

Und der Sturm springt ihn an, verspielt wie ein Tier:
»Du Fremdes, komm und ringe mit mir!
Wir wollen
Zur Wette die Eisbahn des Himmels hinlaufen,
Wir wollen
Mit sausendem Sprung auf die Berge klettern
Und den grauen Tannen ihr Haar ausraufen,
Komm, laß uns Ball mit den Wolken schlagen,
Lawinen krachend zu Tale rollen.
Wir schmettern
Den Mond wie einen klotzigen Stein
Auf ein zerkrachendes Kirchendach!
Komm mit, du Kühner, komm, spring mir nach,
Hol mich ein!«

Nebel küssen ihm Hand und Gesicht,
Die Höhen klingen kristallen im Licht,
Und die Erde wird trübe, die Erde wird fern,
Ein dumpfer, verlöschender Weltenstern.

Nun jauchzt die Brust ihren großen Schrei:
»Frei!
Allein!
O weites unendliches Einsamsein!

Mein Blick zerstößt sich nicht mehr an den Dingen,
Die Luft ist von Atem und Worten rein.
Leben ist Schweben,
Seliges Ruhn auf wandernden Schwingen!
Doch ich fühle
Noch über dem Schweigen sphärisches Klingen,
Ich will durch die Kühle
In den feurigen Kern aller Himmel eindringen,
Ich will steigen und steigen
Bis auf zu den Höhn,
Wo selbst die Engel geblendet sich neigen,
Und Gott ins ewige Auge sehn.«

Und er steigt
Höher hinauf in die heilige Leere.
Der Motor keucht mit röchelnder Lunge,
Funken spritzen um die Kontakte,
Eine blitzende Schere,

Zertrennt er das ewige, faltenlose
Gewebe, das blaue, und stürzt in den nackten
Himmel sich tiefer in rasendem Schwunge;
Er steigt und steigt.
Brennende Tränen verschließen den Blick,
Doch den Blinden umrauschen hohe Gesänge,
Er fühlt nur mehr Töne, er trinkt nur Musik.
Er hört die Engel den Morgen lobsingen,
Die Winde orgeln Hymnen der Kraft,
Die Säulen des Alls beginnen zu schwingen,
Orkane brausen ihm Bruderschaft.
In das heiße Gestänge
Greift die Sonne wie in eine Harfe hinein,
Mit unsichtbaren Saiten
Tönen die nahen Unendlichkeiten.
Und er steigt
Höher, die Stimme Gottes zu hören,
Der tönend über den Dingen schweigt.

Das Blut
In seinen Schläfen beginnt stärker zu tosen,
Der Hammer des Herzens schwingt sich und klingt,
Und er spürt sich aufgehn im Grenzenlosen
Wie ein Ton, der höher und höher entschwingt,
Und er ahnt, nun klingt er zur Urmusik
Der Welten ins ewige Schweigen zurück.

Aufrauschen die Fernen, er steigt und steigt,
Und nur die niedere neidische Erde schweigt.

Der Fakir

Die Säule, auf der ich Regloser sitze,
Ist wie eine Flamme steilauf gestellt.
Ich bin ihr Ende. Doch ihre Spitze
Reicht hinab an den Nabel der Welt.

Morgenröten und Monde kreisen
Um meine Schultern: ich schaue sie nicht.
Winde kommen von ruhlosen Reisen,
Keiner wendet mein stummes Gesicht.

Vögel nahen. An ihren Gefiedern
Hängt noch Duft und verschlagener Tau,
Doch ich lausche vorbei ihren Liedern
Zu dem Schweigen im ewigen Blau.

Menschen ziehen von fern, mir zu dienen,
Myrrhe und Rauch steigt auf im Gebet,
Aber mein Blick verweigert sich ihnen,
Der so starr wie die Säule steht.

Leer schwingt Lärm und Laut um die Achse
Meines Beharrens, des stehenden Steins,
Denn ich lausche nach innen und wachse
Schweigend hinab in die Wurzeln des Seins.

Lächelnd laß ich die Jahre hinrinnen,
An meiner Starre zersplittert die Zeit,
Nur der Lauschende sammelt tiefinnen,
Was der Tag in die Stunden zerstreut.

Ewig keltert unendliche Ernte,
Wer den Atem der Worte verhält.
Selig, der ganz sich verschließen lernte:
Wer in sich ruht, ist Herr der Welt.

Der Beichtiger

Wenn er schwarzen Schritts durch die Stadtgasse geht,
Schauer wie Sturm ihm entgegenweht.

Weiber verstummen im Schwatze und bücken
Sich tief, um ihm nicht ins Auge zu blicken,

Lachen erlischt, und der Marktplatz erstarrt
Von seiner stumm mahnenden Gegenwart.

Er aber geht, wie von Stein das Gesicht,
Als fühlt er die Furcht ihrer Herzen nicht,

Geht schweigend den Gang, gibt freundlichen Blick
Für verlegenen Gruß und Verbeugung zurück,

Schlägt gütig das Kreuz, reicht Kindern die Hand
Und sieht doch sie alle wie durch gläserne Wand.

Er weiß: hier könnte er stehen bleiben
Und »Mord!« an die Türe des Witwers schreiben.

Könnt dem, den sie Vogt und Verwalter nennen,
Das Brandmal des Diebs auf die Wangen brennen,

Und der, die dort ehrbar am Fensterkreuz stickt,
Das Kind ausgraben, das sie heimlich erstickt.

Ein Wort nur braucht er hinfallen zu lassen,
Und Schande spräng auf und nackt durch die Gassen,

Riß Frauen vom Bett, den Vater vom Kind,
Bräch Siegel von Brief und gestohlenem Spind.

Zwischen Haus und Haus stürzte Dunkel und Wand,
Was jeder verhehlt, wär jedem bekannt,

Und jeder, der selbst sich geborgen vermeint,
Erkennte den andern als Mörder und Feind. –

Aber schwarz und schweigsam der Beichtiger geht,
Den Blick ganz nach innen, der nichts verrät.

Kein Zucken des Mundes, kein Lächeln zeigt
Das Ungeheure, das er verschweigt,

Und daß er das Herz dieser Stadt, dieser Welt
Wie ein zitterndes Tier in den Zähnen hält.

Der Träumer

Was willst du, Tag? Was schlägst du Morgenglocken
In meinen Schlaf? Was drängst du an die Scheiben
Dein nüchternd Licht und läßt die Träume stocken,

Die goldne Schrift um meine Schläfen schreiben?
Laß ab von mir! Mich lockt's nicht, dir zu dienen,
Nicht in der Unrast jener mitzutreiben,

Die jetzt in Börsen, Banken, an Maschinen
Die Nägel sich im Gelde blutig krallen –
Nichts will ich, nichts von dir und nichts von ihnen,

Ich dräng nicht mit im aufgeregten Schwalle,
Der bangt, die Uhr des Kerkers zu versäumen!
Dein arm Geviert, ich laß es ihnen allen –

Doch du, du Kalter, laß mir meine Träume!
Laß sie mir ganz! Wen ihre Wolken führen,
Dem gilt nicht Zeit, den engen keine Räume,

Wem sie – sieh her – nur leis die Schläfe rühren,
Der braucht nicht mehr, als seinen Nagel füllt,
Und ist entrückt. Denn wie an Perlenschnüren

Ein Funke zündend tausend Farben schwellt,
So glüht dem Träumer – ach, was wißt ihr Wachen
Von der Magie, der heimlichen, der Welt! –

Der zagste Wunsch im Flug zu hundertfachen
Vom Leben nie erreichten Möglichkeiten.
Ein Augenwink vermag ihn wahr zu machen,

Was sonst verteilt, verzettelt durch die Zeiten
Die Krämerhand des Zufalls zögernd spendet,
Mich aber hebt schon bloßes Flügelspreiten

In Sphären, die kein Maß begrenzt und endet.
Eh sich ein Wunsch erkennt, ist er getan,
Denn nur das Leben kargt: der Traum verschwendet.

Unendlichkeit strömt brausend mir heran,
Kaum daß ich meine Lider träumend schließe. –
Noch einmal Gott, heb ich die Schöpfung an,

Ich fühl vom Quell der Adern Bilder fließen
Und selbst mich spiegelwandernd zwischen ihnen,
Traum wird Gestalt, Gestalten schon Genießen.

Dies Fenster dort, noch kaum vom Licht beschienen
– Ich weiß nicht, wessen Scheitel es umzirkt –,
Schon spricht's ein Bild, schon zeigen die Gardinen

Mir eine Frau, die ihre Haare birgt.
Schon fühl ich sie und fühl aus ihrem langen
Gesträhn den tiefsten Wunsch, den sie entwirkt,

Den Wunsch, damit Geliebtes zu umfangen,
Und bin – tief traumgebannt an meine Stelle –
Er selbst, an dem jetzt ihre Lippen hangen.

Bin ich und sie zugleich in einer Welle
Verstrickten Leibs, und während ich sie fasse,
Ist sie schon eine andre in der Schnelle

Wandernden Traumes. Jenes Weib der Gasse
Ist Fürstin schon, sie ist Scheherezade:
In Palmen sinkt der ekle Qualm der Straße,

Und Sklaven kommen, myrrhenüberladen,
Mit weißen Händen, die von Sandel triefen,
In Marmorbecken unsern Leib zu baden,

An meiner Hand blinkt Siegel des Kalifen,
Ich reck sie aus, und meine Flotten fahren
Nach Cordova. Schon furchen sie die Tiefen

Des Meers, schon glänzt der Fels der Balearen,
Die Woge dröhnt, schon spüre ich das Schlingern
Der hohen See! Vorwärts! Ich muß nicht sparen,

Nicht mich an kleine Möglichkeit verringern:
Die Welt ist mein, so weit ich sie begehre,
Gold rinnt wie Wasser laß mir von den Fingern,

Ich bin's, dem Ophirs Minen zugehören,
Alhambren wachsen mir und Riesenstädte;
Vom Kap hinüber zu den Kordilleren

Werf ich wie einen Ball die Zauberkette
Der Träume, die mir alle Fernen fassen,
Und schwarzen Lids, schlaff ruhend hier im Bette,

Vermag ich Möglichkeiten zu verprassen,
Wie keinem Dichter sie sich je enthüllen,
Nicht Stift noch Meisel sie sich ahnen lassen.

Denn jenen ist das Leben noch die Hülle,
Und wer vom Tage borgt, ist ihm verpflichtet,
Doch der bloß träumt, hat seine wahre Fülle.

Ihm ist die Stirn zu Ewigem gerichtet,
Und was hier irdisch gilt, gilt ihm geringe,
Die Welt besitzt nur, wer sie sich erdichtet.

So laß mich, Tag! Schenk deine bunten Dinge
Den andern; ach, sie nehmen's kindisch gerne.
Und was du zögerst, ihnen zuzubringen,

Rafft mir ein Flügelschlag von meinen Sternen
Im Spiel herab. Ich habe nichts versäumt,
Denn selbst dein Letztes, deinen Kern der Kerne,

Denn auch den Tod, längst hab ich ihn geträumt –

Ballade von einem Traum

1923

Es war nur Traum, durch den mein Schritt
Wie über schwarze Wolken glitt,
Doch Traum, des wissender Verrat
Mein Innen hell nach außen tat
Und deutsam quer durch Schein und Schlaf
Geheimsten Nerv des Lebens traf. –
Was wach ich nie mir eingestand,
Stand klar in seinem Spiegelrand,
Und dieser Traum, der fremd mich fand,
Hat tiefer mich als Tag erkannt.

Dies aber wies mir jener Traum:
Ich ging durch einen fremden Raum,
Der war nicht voll und war nicht leer,
Nur Schweigen schwoll dort schwarz und schwer,
Wie Wasser schwillt, wie Nacht hinfällt
In dumpf' und sternenlose Welt
Oh dieser Raum, wie voll er war
Von Vorgefühlen und Gefahr:
Er drückte nicht, er drängte nicht,
Und doch, sein Da-sein engte mich.
Ich fühlte, daß mich was umstand,
Gefährlich, schwül und unbekannt,

Und zagen Fußes wandt ich mich,
Wie ich dem Wartenden entwich.

Ich weiß noch, wie ich schaudernd ging,
Als ob mir etwas überhing,
Als ob ich etwas Schweres trug,
Das mir in Knie und Nacken schlug. –
So zaghaft und so drückerisch,
Als bückt' gestohlne Beute mich,
Mein Schritt sich durch das Dunkel schlich. –

Und wie ich so ins Leere floh,
War mir, als gingen irgendwo
Noch einer oder viele da,
Als wäre etwas feindlich nah
In diesem Traumraum, der den Schritt
Mir dunkel funkelnd mit umglitt,
Und plötzlich wußte jäher Wahn,
Daß tausend Augen auf mich sahn,
Versteckte Augen, fern und nah,
Die ich nicht sah, die ich nicht sah,
Und daß dies Schweigen unnennbar
Ein Netz von tausend Blicken war,
Darin ich ging, darin ich hing,
Bespähtes Wild, gefangnes Ding,
Und immer näher spannt' es sich,
Und immer jäher rannte ich,
Daß ich dem Raum, dem Traum entwich.

Da plötzlich fiel's, wie Donner fällt:
Felssturz war vor mir aufgeröllt,
Blitz sprang ihn an, und hinterm Wald
Hub weiß sich steinerner Basalt.
Aufblinkte eine blanke Wand,
Und wie den Blick ich zu ihr wandt,
Da zuckte Schrift, da flammte Hand,
Und feurig dort geschrieben stand:
»Du bist erkannt! Du bist erkannt!«

Oh, dieses Wort, wie es mich traf
Durch Stirn und Hirn, durch Nacht und Schlaf,
Wie es durch Haut und Hemd und Kleid
Einfuhr in meine Eingeweid
Und um und um das Herz mir wandt,
Dies Wort, das mir den Tod erfand:
Du bist erkannt! Du bist erkannt!
Vergebens daß ich vierzig Jahr
Der Hüter meines Herzens war –
Geheimstes Laster, dunkles Tun,
Die fremden Wände wußten's nun!
Was ich zutiefst in mich verbarg,
Mit Dunkel düngt' wie einen Sarg,
Was ich mit Worten feig versteckt,
Mit Lügenlaken zugedeckt,
Mein tiefstes Ich, mein Urgeheim
War nun in aller Schwatz und Schleim,
Und diese Hand dort an der Wand,

Sie macht' es weit und weltbekannt:
Du bist erkannt! Du bist erkannt!

Da schrie ich auf, wie Vogel schreit,
Riß auf mein Kleid der Eitelkeit,
Riß ab das Hemd, den Hut vom Haar,
Daß ich ganz bar und nackend war.
Nackt wie ein Baum, den Frost umschlägt,
Eisweiß vom Wind der Angst umfegt,
Und so an meinem Stolz gepackt,
So höllisch nackt und ausgesackt,
Stand ich vor jener Marterwand,
Gejagt und dennoch angebannt,
Und las, in letzer Scham verbrannt:
Du bist erkannt! Du bist erkannt!

Da hinter mir ein Kichern scholl,
Das schäkernd scharf zusammenschwoll,
Von Höh und Tiefen hundertfach
War jach es schon als Lachen wach
Und geiferte in meine Schmach.
Hohnschrei aus allen Ecken strich,
Es peckte und beneckte mich
Von rechts und links, allunsichtbar
Dies gräßliche Gelächter war.
Die Winde gell posaunten es,
Die kleinen Gräser raunten es,
Aus Gossen wie ein Spülicht sprang's,

Von Wipfeln und von Wellen klang's,
Wohin ich sah, wohin ich griff,
Da bleckte Mund, da schrillte Pfiff.
Und jeder Blick, der blinkernd kam,
Der zwinkerte auf meine Scham
Und beizte Spott und spreizte Hand
Auf mich, der da zerknistert stand
Von jener Wand im Feuerbrand:
Du bist erkannt! Du bist erkannt!

Kraß knickten mir die Beine ein,
Mein Atem kroch ganz krumm und klein,
Mein Rücken brach wie zundrig Holz,
Doch immer hell und greller scholl's
Vom Echo schnell vertausendfacht,
Das Wort, das mich urelend macht.
Schon wußt's der Wald, schon wußt's das Land:
Du bist erkannt! Du bist erkannt!
Und ob ich auch, von Angst genäßt,
Das Ohr mir mit den Fäusten preßt,
Oh unentrinnbar, fern und nah,
War es doch da, war es doch da,
Das Wort, das meinen Stolz zerbrach,
Posaune meiner tiefsten Schmach!
Wie tief ich auch in mich einkroch,
Ich hört es doch, ich hört es doch,
Das Wort, das mir das Herz entmannt:
Du bist erkannt! Du bist erkannt!

Da packt' mich Schreck: ich lief und lief
Mit jähem Ruck ins Dunkel tief,
Doch hell mir nach das Hohnwort rief.
Hoch überm Haupt, schnell unterm Schritt
Da klang es mit, da sprang es mit,
Voraus auf Zweig und Steigen schwang's,
Grellglitzernd vor dem Schuh aufsprang's,
Wohin ich laufend rührt und sah,
War es schon da, war es schon da,
War hier und dort, und immerfort
Dasselbe Wort, dasselbe Wort
Dem Rennenden vorausgerannt,
Das Wort, das mir das Herz zerbrannt:
Du bist erkannt! Du bist erkannt!

Weh, wie ich da in toller Jagd
Von Angst gepackt, von Scham umflackt
Mich hetzte, feig und höllisch nackt
Wild Wegland weit, Traumtäler tief!
So lief ich nie, wie ich da lief!
So litt ich nie, wie ich da litt!
Der Atem mir die Brust zerschnitt,
Ein jeder Nerv wie Feuer brannt,
Angstschaum mir um die Schläfen stand,
Mein Herz wie eine Trommel schlug:
Kaum daß der Schritt mich weitertrug,
Und mußte doch, und mußte doch
Entrinnen diesem Höllental

Geweckter Scham, erschreckter Qual,
In andre Welt, in andres Land,
Das mir die Schand noch nicht erfand:
Du bist erkannt! Du bist erkannt!

Da brach der Wald: licht aufgetan
Grünt guter Wiesenplan heran.
Ein Wasser schwoll dort tief und breit:
Vergessenheit! Vergessenheit!
Erschreckt, erkeuchend blickte ich,
Wie ich hinüber brückte mich,
Doch nicht dort Fähr' noch Ferge war,
Nur Wasser, tief und breit und klar,
Das spiegellosen Schweigens schwoll,
Indes schon hinter mir wie toll
Die Peitsche des Gelächters pfiff,
Viel Hohnblick meine Blöße griff,
Und Sturm, gewaltig wie noch nie,
Das Wort mir um die Schläfen schrie,
Der ich dort stand am fremden Strand,
Den Weg von tiefer Flut verrannt
Und doch gejagt vom Wort der Wand:
Du bist erkannt! Du bist erkannt!

Wild riß mich's auf – ich hatt nicht Wahl:
Genug der Angst! Zuviel der Qual!
Mit jähem Ruck, mit letztem Mut
Warf ich mich in die fremde Flut,

Und fiel und fiel mit dumpfem Sinn
Viel Tiefen tief, viel Wasser hin,
Hinab die Nacht, hinab den Raum –
Und stürzte sacht aus meinem Traum.

Erwacht ich auf die Augen schlug:
Wo war der Spuk? War der Betrug?
Mein erster Blick griff hin zur Wand,
Ob dort das Wort geschrieben stand.
Allein die Wand war leer und licht,
Die Schrift, die Schrift, sie brannte nicht
Und niemand, niemand kannte mich!

Da tat wie Durst aus kühlem Krug
Ich einen tiefen Atemzug,
Sog rings das Schweigen, sanft und gut,
In mein hell miterwecktes Blut:
Oh Dank! Oh Glück! Oh Zuversicht!
Man kennt mich nicht! Man kennt mich nicht!
Mein Urgeheim, mein letztes Sein
Bleibt mir allein, bleibt mir allein:
Was diese Nacht in mir erhellt,
Weiß nur ein Traum und nicht die Welt.

Der Morgen draußen gütig stand,
Winkt' mich zu sich mit milder Hand. –
Noch hing ein Flaum von jenem Traum
Mir um die Stirn; ich wußte kaum,

Wie ich hinausfand in den Raum,
Dem alles glänzte rein und klar

Und ich doch nicht verraten war.
Da – lachte ich in mich hinein,
Tat an mein buntes Kleid von Schein,
Schloß Schweigen um mich als Gewand
Und trat, im tiefsten unerkannt,
Mein Tagwerk an, das wartend stand.

Letztes Gedicht

Der Sechzigjährige dankt

Linder schwebt der Stunden Reigen
Über schon ergrautem Haar,
Denn erst an des Bechers Neige
Wird der Grund, der gold'ne klar.

Vorgefühl des nahen Nachtens
Es verstört nicht – es entschwert!
Reine Lust des Weltbetrachtens
Kennt nur, wer nichts mehr begehrt,

Nicht mehr fragt, was er erreichte,
Nicht mehr klagt, was er gemißt,
Und dem Altern nur der leichte
Anfang seines Abschieds ist.

Niemals glänzt der Ausblick freier
Als im Glast des Scheidelichts,
Nie liebt man das Leben treuer
Als im Schatten des Verzichts.

Nachbemerkungen des Herausgebers

»Meine literarische Thätigkeit setzt merkwürdig genug für einen Lyriker ein – ich habe als Litteraturhistoriker mit 15 Jahren begonnen«, informierte Stefan Zweig am 10. Dezember 1901, zehn Monate nach Erscheinen seines ersten Gedichtbandes, Karl Emil Franzos, den Herausgeber der Literaturzeitschrift ›Deutsche Dichtung‹ in Berlin. »Da studierte ich«, fuhr er fort, »alle möglichen Litteraturgeschichten durch, in der festen Absicht, selbst eine zu schreiben, und stöberte in allerlei alten Scharteken auf der Universitätsbibliothek … Damals begann ich auch selbst zu schreiben und steckte noch *sehr* tief im Gymnasium drin, als in der ›Gesellschaft‹ mein erstes Gedicht (unter Jacobowsky) abgedruckt wurde. In der Schule wurde ich eine Art Wunderkind, die Rolle gefiel mir, und ich hätte wohl damals schon einen Versband der staunenden Welt versetzt (ich hätte in Wien einen Verleger gehabt) wenn mir nicht mein lieber Freund Adolph Donath so eindringlich abgerathen hätte.

Dann studierte ich viel Französisch und Litteratur und lernte schließlich Verse schreiben. Ich sehe darin heute noch mein Bestes, obwohl ich auch schon viele Novellen hinter mir habe, die aber erst in geraumer Zeit veröffentlicht werden dürften.« Diese wohl erste Selbstdarstellung wird die Entsprechung einer Bitte Karl Emil Franzos' um eine autobiographische Skizze gewesen sein. In einem früheren Brief an ihn, vom 3. Juli 1900, kurz nach dem Abitur, hatte Stefan Zweig erklärt: »Ich habe unter fünf, sechs Pseudonymen geschrieben, jedesmal anders. Vielleicht möchte man sonst heute meinen Namen ein ganz wenig kennen, wenn ich es unterlassen hätte. Aber mir hätte es nicht viel Freude bereitet.« Es wäre, muß man ergänzen, auch gar nicht anders möglich gewesen, denn bei aller Duldung des Interesses an zeitgenössischer Literatur und neuem Theater seitens der Schulautoritäten war es Gymnasiasten untersagt, mit eigenen Gedichten oder Texten unter ihrem Namen an die Öffentlichkeit zu treten. »Denn daß wir alle längst zu schreiben oder zu dichten, zu musizieren oder zu rezitieren begonnen hatten, war selbstverständlich; jede passiv-passionierte Einstellung ist ja an sich schon unnatürlich für eine Jugend, denn es liegt in ihrem Wesen, Eindrücke nicht nur aufzunehmen, sondern sie produktiv zu erwidern.« Diese Sätze Stefan Zweigs aus seinen Erinnerungen ›Die Welt von Gestern‹ präzisieren die Motivation vor allem seines Jahrgangs, dem in »Loris«, dem um sieben Jahre älteren Hugo von Hofmannsthal, und in dem sechs Jahre älteren Rainer Maria Rilke zwei allerdings sehr unterschiedliche Vorbilder erwachsen waren. Die noch während seiner Schulzeit gedruckten Gedichte Hofmannsthals waren »eines der großen Wunder früher Vollendung« – mit ihm »zu rivalisieren, wäre selbst dem Verwegensten unter uns blasphemisch erschienen«; die frühen Verse Rilkes dagegen blieben »im Vergleich zu jenen Hofmannsthals und sogar im absoluten Sinne unreife, kindliche und naive«. Stefan Zweig und seinen Klassenkameraden war es deutlich: »man mußte also nicht wie Hofmannsthal schon im Gymnasium vollendet sein, man konnte wie Rilke tasten, versuchen, sich formen, sich steigern«. Seine eigenen Grenzen in diesen jungen Jahren gestand er Karl Emil Franzos gegenüber dann auch (3. Juli 1900) ein: »Ich veröffentliche wirklich nur deshalb, damit ich immer einen Ansporn zum Arbeiten habe und kein Dilettant bleibe. Aus Sucht nach Berühmtheit wirklich nicht, weil ich vollkommen überzeugt bin, daß ich im besten Falle ein bischen Talent für die Skizze oder die Lyrik habe, das aber durchaus nicht original ist und noch immer ein wenig von der Lectüre … abhängig ist.« Um sich seiner Fähigkeiten bewußt werden zu können, hatte er aber erst einmal die Chance gebraucht, sich einer Diskussion zu stellen, hatte er eine Zeitschrift finden müssen, die bereit war, Gedichte von ihm aufzunehmen; dazu war es zunächst nötig, Kontakte zu knüpfen, wie eben zu Ludwig Jacobowski, dem Redakteur an Michael Georg Conrads ›Gesellschaft‹ in Berlin, wo dann – wie er schrieb – 1897 seine ersten Gedichte gedruckt wurden; (1894 war dort Thomas Manns erste Erzählung, ›Gefallen‹, und 1895 sein Gedicht ›Siehst du, Kind, ich liebe dich‹ erschienen); weitere Verse Stefan Zweigs veröffentlichte im gleichen Jahr Maximilian Hardens ›Zukunft‹ – die ersten Schritte in die Welt der Literatur waren getan. Das ermutigte ihn und beflügelte seinen Fleiß: in den folgenden Jahren brachten zahlreiche Zeitungen und Zeitschriften Gedichte von ihm, gelegentlich auch

Aphorismen und Besprechungen der Lyrik anderer. Im Juli 1900 gab es ein erstes Echo darauf: Der Grazer Novellist und Dramatiker Hugo Oehler fügte seinem Aufsatz ›Wiener Schriftsteller‹ in der Zeitschrift ›Jung-Deutschland‹ den Satz ein: »Auch Stefan Zweig, der jüngste unter allen, zeigt recht schöne Anlagen.« Schon zuvor, im März, hatte Stefan Zweig sich bei Karl Emil Franzos nach Möglichkeiten einer Buchausgabe seiner Gedichte erkundigt und hatte von ihm offenbar den Rat bekommen, eine Auswahl zu treffen. Am 2. November 1900 war er damit soweit: »Ich habe schon 150 – 200 Gedichte veröffentlicht, das Doppelte geschrieben und jetzt einen Band zusammengestellt unter dem Titel ›Silberne Saiten‹, der – 50 Gedichte enthält, d.h. die genaueste Auslese. Wie strenge ich bei der Sichtung war, mögen Sie daraus erkennen, daß ich von denen in der D[eutschen] D[ichtung] ersch. Gedichten nur den geringsten Teil aufgenommen habe … Aber ich glaube, es ist ein guter Band; nur deshalb habe ich mich mit einem der besten Verleger in Verbindung gesetzt …« Der nächste Schritt zum möglich scheinenden Erfolg wurde also genau überlegt. Bei Schuster & Loeffler in Berlin waren Gedichtbände von Otto Julius Bierbaum, Richard Dehmel, Detlev von Liliencron und Alfred Mombert sowie des Freundes Adolph Donath erschienen, Hugo Steiner (Prag) stattete die Bücher dieses Verlages aus, hier wußte Stefan Zweig sich im richtigen Programmfeld, hier kam im Februar 1901 mit der Widmung an seine Eltern sein erstes Buch heraus, ›Silberne Saiten‹. (Die Metapher, die er zum Titel wählte, wird er aus Jens Peter Jacobsens Novelle ›Nils Lyhne‹ gewonnen haben: »Er sehnte sich nach tausend zitternden Träumen, nach Bildern von kühler Feinheit: – leichte Farben, flüchtiger Duft und feine Musik von ängstlich gespannten, zum Zerspringen gespannten Strömen silberner Saiten …«). Bis zum Oktober des gleichen Jahres wurde Stefan Zweigs erstes Buch in etwa vierzig Kritiken beachtet; die »virtuose Verstechnik« ließ einige Rezensenten aufhorchen, aber es hieß auch: »er feilt seine Verse nicht genügend; er wendet zu wenig Zeit, Kraft und Mühe auf sie … auf ein in jeder Hinsicht feines und gutes Gedicht [folgt] ein anderes, das im Ausdruck etwas Triviales oder Gesuchtes zeigt«. Er nahm diese Kritik durchaus ernst. So bekannte er am 2. Februar 1903 Hermann Hesse: »Als Lyriker werte ich mich nicht sehr hoch, so zweifle ich nie an meiner gänzlichen Unnotwendigkeit für die Welt …« Jedoch hinderte ihn dies nicht – er schrieb weiter. Bereits einen Monat später, am 2. März 1903, schätzte er in einem weiteren Brief an Hesse: »Würden mir die neuen Gedichte nicht wertvoller, als die ein bißchen wässrigen und allzu glatten der ›Silbernen Saiten‹, so glaubte ich, daß ich mich verflache.« Und am 1. November des gleichen Jahres zieht er – wiederum in einem Brief an Hermann Hesse – Bilanz: »Ein – zwei Gedichte habe ich in sechs Monaten geschaffen, der sonst in sechs Tagen soviel schrieb. Aber ich will nicht klagen: vielleicht haben auch diese Wege ein Ziel. Ich will nicht hoffärtig sein.« (Tatsache ist, daß ›Silberne Saiten‹ zu Stefan Zweigs Lebzeiten nicht wieder, auch nicht auszugsweise, gedruckt wurde. Erst Richard Friedenthal hat die Teile dieses Bandes wieder aufgenommen, als er 1966 alle von seinem Freund selbständig veröffentlichten Gedichte und Gedichtübertragungen zusammenstellte. Er gab dieser Sammlung den von Stefan Zweig für sein erstes Buch gewählten Titel. Dieser Entscheidung liegt die Benennung auch dieser Ausgabe zugrunde.) »Diese Wege« *hatten* »ein Ziel«: 1906 wurde vom Leipziger Insel-Verlag, der sich inzwischen bei Schuster & Loeffler gebildet hatte und unter dessen Signet Stefan Zweigs Bücher bis 1934 erscheinen sollten, sein zweiter eigener Versband mit Einband und Titelzeichnung von Marcus Behmer ausgegeben. Leo Greiner, der spätere Leiter der Theaterabteilung des S. Fischer Verlags in Berlin, attestierte ihm: »Zu den Wenigen, die fertig werden wollen, die sich selbst, nicht den Visionen ihrer Sehnsucht Bahn bereiten, die sich deutlich auf langsamen Wegen ihrem Eigensten und Besten nähern, zählt Stefan Zweig, der mit dem Gedichtbuche ›Die frühen Kränze‹ erweist, wie ausgefüllt mit Arbeit die Jahre sind, die seit seinem Erstling ›Silberne Saiten‹ verflossen.«

Seit damals war Stefan Zweig viel gereist, nach Berlin, mehrfach nach Frankreich, nach Belgien, nach Italien, nach Spanien, nach England – »ich habe so eine Unrast überall hinzufahren, alles zu sehen und zu genießen« (21. November 1904 an Hermann Hesse); er hatte Erfahrungen gesammelt, Künstler kennengelernt, Freunde unter ihnen gewonnen und neben Eigenem mit Übersetzungen von Gedichten Baudelaires, Verlaines (1902) und des ihm besonders befreundeten Emile Verhaeren (1904) seine Begabung, Verse zu schreiben, weiter ausgebildet. Im Juli 1904 hatte er sein Studium mit dem Doctor philosophiae – »meinen Eltern zuliebe ... und dem eigenen Ich zutrotz« – abgeschlossen, im gleichen Jahr seinen ersten Band Erzählungen, ›Die Liebe der Erika Ewald‹, vorgelegt und im Juli 1905 sein erstes Drama, ›Tersites‹, begonnen. Das »neugierige Wandern und Zigeunern war ... erfreulich und in vieler Hinsicht ergiebig gewesen« und fand, vor allem thematisch, seinen Niederschlag auch in der Sammlung der ›Frühen Kränze‹. Doch die Kritik setzte gerade an diesem Punkt ein: »Es ist wenig Erleben und viel Traum in diesen Dichtungen ... In den ›Geneigten Krügen‹ ist sogar ausgesprochen, daß die Sehnsucht nach der Leidenschaft, der Traum von ihr, schöner seien als diese Zustände selbst ... ich nehme an, daß Traum nicht das Element, sondern die Durchgangssphäre ist« (Alberta von Puttkamer) – »Er steht nicht *in* seinen Gedichten, er verwühlt sich nicht. Er steht *hinter* ihnen, er betrachtet sich ... Und wo Glühen ist, ist es nicht in ihm, sondern in seinen Versen« (Leo Greiner) – »Noch ist keiner Frau greifbar festes Bild in das Leben des Jünglings getreten, noch kennt er den Kampf um die Einzelne, die Einzige nicht und die harte Arbeit am Individuum ... manch einer wird die weichen Verse weichlich schelten. Gewiß, sie konnten nur in Österreich geschrieben werden, wo die Frauen so froh und lockend blicken und so wundervoll zarte, klare Haut die vollen Glieder bedeckt. Aber ... es ist nur ein zierliches

Büchlein, und da es ein geschlossenes Gemälde einer Empfindungsperiode gibt, kann es auch den Strengmütigen gefallen …« (Walter Unus). Dennoch wurde Stefan Zweig im November 1906 der Bauernfeld-Preis für lyrische Dichtung zuerkannt. (1917 wurden ›Die frühen Kränze‹, mit neuem Einband, nachgedruckt und 1920 noch einmal.)

»… viel mehr eine Verheißung als eine Erfüllung« hatte die Kritik Stefan Zweigs Lyrik zusammenfassend genannt und damit, ohne es zu ahnen, den Kern seiner nicht nur literarischen Grundhaltung bezeichnet: anzudeuten einerseits, anzuregen andererseits – dem im Entstehen Begriffenen seine Aufmerksamkeit zuzuwenden, in Zustimmung und Ablehnung – skeptisch zu sein allem gegenüber, was sich als abgeschlossen, fertig und damit absolut ausgab. Er selbst bekannte Martin Buber später, 1917 – allerdings in anderem Zusammenhang: »Vielleicht ist diese meine Überzeugung aus einem tiefen Pessimismus über alle Realitäten entstanden, aus einem Mißtrauen gegen alles, was werden soll, statt im Geist, im Glauben, im Ideal zu wahren …«.

Stefan Zweigs Jahre vor 1914 waren wiederum bestimmt von Reisen, jetzt durch die ganze Welt – »meine Lehrjahre waren zugleich auch meine Wanderjahre. Ich suchte mein Leben auszuspannen … auch hier nur zu eigener Freude … Mir war es dadurch gegeben, vielfach vermittelnd hüben und drüben auf Gemeinsamkeiten in der Dichtung hinzuweisen … Dazwischen entstanden … einige Bücher … Das Wesentliche meiner Art bildete sich darin heraus: eine

Bejahung des Lebens, ein gewisses Pathos der Freude, die Sehnsucht nach einer Kunst, die blutfeuernd wirkt und in innigem Zusammenhang mit der Gegenwart steht.«

Seine Freude am Gedicht scheint nach dem zweiten Lyrikband zunächst abgeflaut zu sein. Selbständig veröffentlichte er auf diesem Gebiet lediglich weitere Übertragungen von Gedichten und Versdramen seines Freundes Emile Verhaeren. Neben Dramen, Erzählungen und Feuilletons entstand bis 1924, als er im Insel-Verlag in Auswahl ›Die Gesammelten Gedichte‹ vorlegte, von Gelegenheitsstrophen abgesehen, offenbar nur noch relativ wenig eigene, wenig charakteristische Lyrik. Auf (oder nach) der Indienreise 1908/09 schrieb er ›Taj Mahal. Grabmal des Muntaz Mahals in Delhi‹, 1909, nach dem Tod des bewunderten Schauspielers, ›Matkowskys Othello‹ und 1912 ›Der Märtyrer (Dostojewski, 22. Dezember 1849)‹. ›Taj Mahal‹ wurde 1919 ebenso wie die früheren Reisegedichte aus den ›Frühen Kränzen‹ der Sammlung ›Fahrten. Landschaften und Städte‹ – E. P. Tal & Co., Leipzig, Wien, Zürich – eingereiht, die so geordnet war, daß, immer im Wechsel, ein Reisebild in Prosa auf eines in Gedichtform folgte; im Auswahlband von 1924 wurden alle diese Gedichte unter der Überschrift ›Fahrten‹ zusammengefaßt. (In der vorliegenden Ausgabe, die die Ordnung der Bände von 1901 und 1906 übernimmt, sind die späteren Reisegedichte unter dem Gruppentitel ›Neue Fahrten‹ nachgestellt.) Mit ›Matkowskys Othello‹ wurde der »Zyklus lyrischer Statuen« ›Die Herren des Lebens‹ in den ›Gesammelten Gedichten‹ angeführt. ›Der

Märtyrer‹, zunächst im ›Insel-Almanach auf das Jahr 1913‹ gedruckt und für die Auswahl der Gedichte 1924 verändert, fand schließlich 1927 unter dem Titel ›Heroischer Augenblick‹ seinen endgültigen Platz in den ›Sternstunden der Menschheit‹. (Für die vorliegende Ausgabe wurde die ursprüngliche Fassung dieses Gedichtes gewählt.)

Im September 1912 hatte er begonnen, wieder Tagebuch zu führen – »zum wievielten Male!«, aber dies ist das früheste der erhaltenen. Am 11. hielt er fest: »nachmittags arbeitsträge im Shacespeare mehr geblättert als gelesen, erst abend[s] ein Versuch zum Gedicht, der halb gelingt, ein paar Strofen banalen Tiefsinns, wie mir scheint, der durch Rytmus verdunkelt und verschönt wird. (Zwischen ihm, dem wir entstammen und dem Schlaf der uns erharrt …)« Fixiert wurde hier der Arbeitsprozeß am Gedicht ›Indischer Spruch‹. Am 18. September: »Mein Nächstes soll das ›Gebet des Künstlers‹ sein«, und am Tag darauf: » … ein paar Strofen für den ›Dichter‹. Keine ewigen, aber ich spür mich wenigstens wieder in die Materie hineingezogen. Warum ich diese edle Lust (wie mir's manchmal selig leicht dabei zuströmt!) an dumpfe, faule, mißmutige Stunden verrate, ist mir unerfindlich. Ich müßte einen Ehrgeiz für mich entdecken.«

»Ich hatte bald die Genugtuung«, fährt er in der bereits oben zitierten ›Autobiographischen Skizze‹ vom November 1914 fort, »mich nicht vereinzelt zu sehen, in andern meiner Generation, die auf andern Wegen unabhängig zum gleichen Weltgefühl gelangt waren, … die gleiche Leidenschaft für die gleichen Ziele zu finden ... so spüre ich ... die Lust des Gegenwartsgefühls, eine Freude an der Zeitlichkeit. Meine nächsten Bücher ›Die Herren des Lebens‹ und [das nicht ausgeführte] ›Vom Rhythmus der Zeit‹ werden versuchen, lyrisch Rechenschaft zu geben über alles Große und Begeisterungsträchtige unserer neuen Kräfte: auch wo ich mich essayistisch versuchte, blieb ich mehr Hymniker als Kritiker.« Die »Statuen«-Gedichte, die Prosaversuchen parallel liefen und im Fall Dostojewski sich überschnitten, leiteten damit zu einer neuen Form über, die es, trotz eigener Proben, so bisher noch nicht gegeben hatte: zum biographischen Essay, der wiederum zyklisch geordnet in den ›Baumeistern der Welt‹ seine Entsprechung zur Lyrik dieser Jahre fand. Stefan Zweig hatte seine Sprache an »der gebundenen Rede« zur eigenen Prosa hin entwickelt.

»Gedichte haben mit der Zeit zu tun, in der sie entstanden sind, werden ebenso abhängig von ihr bedingt wie vom Zustand ihrer Autoren; und auch der ist abhängig vom geistigen, politischen, wirtschaftlichen Klima der Epoche« (Gisela Lindemann). Die Zeit, in der Stefan Zweig seine Etüden »eines so wenig anfängerhaften Stoffgebietes« wie dem der Lyrik beginnt, ist die des »Impressionismus«, der – auf die Literatur bezogen – die »fein nuancierte, höchst differenzierte Schilderung der *(persönlichen)* Augenblicksempfindung und seelischen Regung« zu seinem Ausdrucksmittel und Schema bestimmte. »Mystik und Ekstase«, »Hauptkennzeichen« von Zweigs Gedichten,

»sind Begriffe, die einander durchdringen. Romantisch ist nur ihr Gepräge« (Alfred Maderno), Klangfreude dominiert. Vorbilder seiner Lyrik – deutsche, wie Liliencron und Dehmel, die letztlich stärker auf ihn wirkten als die von ihm zitierten Hofmannsthal und Rilke, ausländische, wie Baudelaire und Verlaine, die er ungleich sicherer nachdichtete – erreichte er mit seinen eigenen lyrischen Versuchen nicht. Doch die Strenge des Reimes und Versmaßes übte er bis zuletzt: der Sechzigjährige dankt im Gedicht.

Aber sosehr man Stefan Zweigs Lyrik als einen Teil seines Gesamtwerkes, vor allem seiner Anfänge, sehen muß, so sehr gilt auch für sie das Wort Archibald MacLeish's: »Poem should not mean, but be« – ein Gedicht soll nicht bedeuten, sondern da sein.

Knut Beck

Bibliographischer Nachweis

Silberne Saiten: Gedichte von Stefan Zweig. Berlin und Leipzig: Schuster & Loeffler 1901

Die frühen Kränze. Leipzig: Insel-Verlag 1917

Die Gesammelten Gedichte. Leipzig: Insel-Verlag 1924

Ausgewählte Gedichte. Leipzig: Insel-Verlag 1931 (= Insel-Bücherei 422)

Silberne Saiten. Gedichte und Nachdichtungen. Herausgegeben und eingeleitet von Richard Friedenthal. Frankfurt am Main: S. Fischer Verlag 1966

Stefan Zweig

Die Welt von Gestern

Band 90314

Stefan Zweigs grandiose Lebenserinnerungen bewahren literarisch eine für immer untergegangene Welt – die Welt der Sicherheit, Schönheit und Heiterkeit in den Jahren vor dem Ersten Weltkrieg, deren strahlende kulturelle Hauptstadt Wien war. Stefan Zweig hat diese »Welt von Gestern« als Zeuge und hochsensibler Beobachter erlebt; sein Buch ist, weit über das Persönliche hinaus, ein einzigartiges Kompendium der ersten Hälfte des 20. Jahrhunderts. Zugleich ist es das Buch vom Schicksal seiner Generation – vom Wachsen der Schatten über Europa bis zum Ausbruch des Zweiten Weltkriegs.

Fischer Taschenbuch Verlag

Stefan Zweig

Sternstunden der Menschheit

Vierzehn historische Miniaturen

Band 90196

Manchmal ist die Geschichte selbst spannender als jedes Drama und lebendiger als jeder Roman. Stefan Zweig versammelt in diesen historischen Miniaturen vierzehn große, schicksalhafte Augenblicke in der Geschichte der Menschheit: von der Schlacht bei Waterloo über die Entstehung von Goethes berühmter Marienbader Elegie bis hin zur tragischen Südpolexpedition von Sir Robert Falcon Scott. Dabei zeigt sich: Es sind oft gerade die kurzen, vom Zufall bestimmten Augenblicke, die prägend für die Zukunft sind.

Das gesamte Programm von Fischer Klassik
finden Sie unter:
www.fischer-klassik.de

Fischer Taschenbuch Verlag

Oliver Matuschek

Drei Leben

Stefan Zweig – Eine Biographie

Band 16685

Stefan Zweig gehört zu den beliebtesten und meistgelesenen Klassikern des 20. Jahrhunderts. Oliver Matuschek erzählt die aufregende Lebensgeschichte dieses Autors, die ebenso von Erfolg wie Tragik geprägt war, auf der Grundlage zahlreicher bisher unbekannter Dokumente und Briefe. Stefan Zweigs Leben und Werk, seine Ehen und nicht zuletzt sein Freitod im brasilianischen Exil erscheinen hier in einem neuen Licht.

»Eine hervorragende Biographie mit bislang unbekannten Quellen, die überraschende Einsichten gewähren.«
The Times Literary Supplement

»Oliver Matuscheks Zweig-Biographie ist ein Muster an Klarheit, Stilsicherheit und Wohlinformiertheit und wird in Zukunft gewiss als die maßgebliche Zweig-Biographie gelten.«
Frankfurter Allgemeine Sonntagszeitung

Fischer Taschenbuch Verlag